U0733348

韩山师范学院创建国家教师教育创新实验区成果

广东省基础教育信息化融合创新示范培育推广项目：［基于协作社群的教师研修（基于"学习通"平台的粤东教师微课技术校本研修与教学应用探索）］成果

编 委 会

主 编：黄俊生　高炜宏

副主编：林晓宏　张润生　佘少娟　卢景顺

委 员：（按姓氏拼音排序）

蔡晴怡　蔡伟栋　蔡玄珠　陈　旋　陈宇婕

黄金丰　黄丽嫦　黄文希　李雅玲　林少彬

林晓铃　林晓霞　江思思　王婉冰　袁　妍

章烁驰　钟雨薇　朱如意　庄柳娜　卓海燕

中小学教育智慧文库

ZHONGXIAOXUE JIAOYU ZHIHUI WENKU

智慧教学的
300个信息化工具

黄俊生　高炜宏◎主编

暨南大学出版社
JINAN UNIVERSITY PRESS

中国·广州

图书在版编目（CIP）数据

智慧教学的 300 个信息化工具 / 黄俊生，高炜宏主编.
广州 ：暨南大学出版社，2024. 12. --（中小学教育智
慧文库）. -- ISBN 978-7-5668-4043-1

Ⅰ. G434

中国国家版本馆 CIP 数据核字第 2024E6W197 号

智慧教学的 300 个信息化工具

ZHIHUI JIAOXUE DE 300 GE XINXIHUA GONGJU

主　编：黄俊生　　高炜宏

出 版 人：阳　翼
统　　筹：黄文科
责任编辑：彭琳惠
责任校对：刘舜怡　陈皓琳　黄晓佳
责任印制：周一丹　郑玉婷

出版发行：暨南大学出版社（511434）
电　　话：总编室（8620）31105261
　　　　　营销部（8620）37331682　37331689
传　　真：（8620）31105289（办公室）　37331684（营销部）
网　　址：http：//www. jnupress. com
排　　版：广州市新晨文化发展有限公司
印　　刷：佛山市浩文彩色印刷有限公司
开　　本：787mm×960mm　1/16
印　　张：16
字　　数：326 千
版　　次：2024 年 12 月第 1 版
印　　次：2024 年 12 月第 1 次
定　　价：69.80 元

（暨大版图书如有印装质量问题，请与出版社总编室联系调换）

随着信息技术的飞速发展，教育领域正经历着前所未有的变革。信息技术和移动设备的普及，为教学方式和学习体验带来了革命性的改变。在这个数字化、智能化的时代，教学辅助 App、小程序等应用程序作为一种新兴的教育辅助工具，正逐渐走进我们的课堂，成为教师、学生和家长不可或缺的教学与学习伙伴。它们以简洁而高效的功能和优势，打破了传统教育的时空限制，为中小学各科教学带来了全新的可能性。它们不仅能够提供丰富的学习资源，还能够根据学生的学习特点和需求，进行个性化的学习推荐和进度跟踪，让学生在轻松愉快的氛围中掌握知识和技能。

在本书中，我们将介绍简单快捷且功能强大的教学辅助 App、小程序等，包括语文，数学，英语，物理，化学，生物，政治，历史，地理，音、体、美，AI 工具和通识工具 12 个模块。同时，我们还邀请了一线教师对其进行体验，并撰写相关教学研究的心得体会。

我们希望通过本书激发读者对于教学辅助 App、小程序等的兴趣和热情，促进教育领域的创新与发展。我们相信，在不久的将来，这些教学辅助工具将会成为教育领域的重要力量，为更多的教师和学生带来更加优质、高效的教学与学习体验。

最后，感谢所有读者对本书的关注和支持，由于笔者水平有限和信息技术的发展日新月异，本书难免有疏漏，请多多提意见。

主编

2024 年 6 月

第一章

语文学科工具

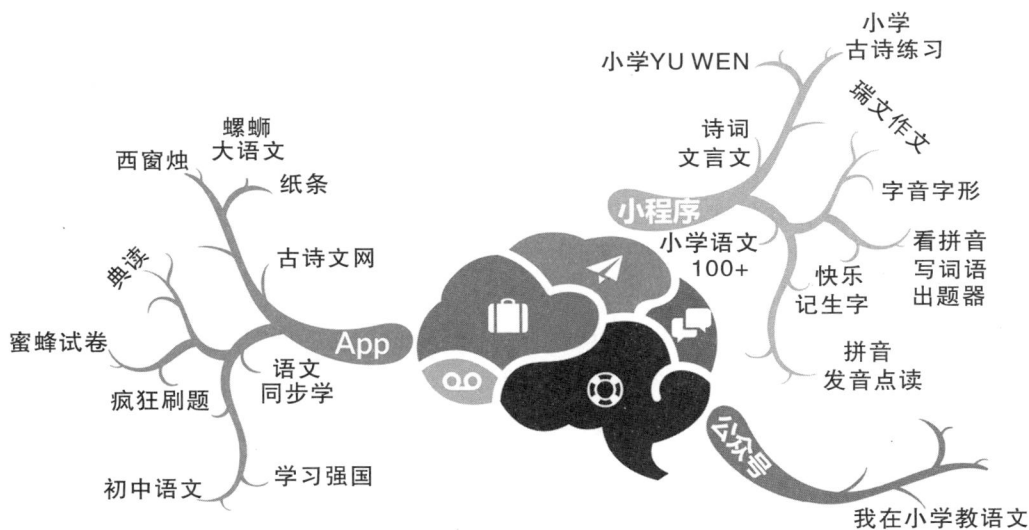

小学YU WEN

小学
古诗练习

瑞文作文

螺蛳
大语文

西窗烛

纸条

诗词
文言文

字音字形

小程序

古诗文网

小学语文
100+

看拼音
写词语
出题器

典读

快乐
记生字

蜜蜂试卷

App

拼音
发音点读

语文
同步学

疯狂刷题

公众号

初中语文

学习强国

我在小学教语文

一、 学科基本情况

语文是一门学习国家通用语言文字运用的综合性、实践性学科，其基本特点是工具性和人文性相统一。

新课标视域下的语文致力于学生核心素养的形成与发展，为学生学好其他学科，促进德、智、体、美、劳全面发展及终身发展打下基础。语文在推广普及国家通用语言文字、增强凝聚力、铸牢中华民族共同体意识、建立文化自信、培育时代新人、实现中华民族伟大复兴等方面具有不可替代的优势。

而随着互联网时代和新教育改革的快速发展，语文教学的生态和语文学习的形式正在悄然发生变化。信息化工具作为信息技术的产物，以其便捷、互动、个性化的特点，逐渐成为广大学习者手中的得力助手。这些工具不仅丰富了我们的学习资源，还在方法上为我们打开了一扇全新的窗户，成为我们探索语言文字之美、提升语文素养的新助手，让语文学习和信息技术得以深度融合。《义务教育语文课程标准》提道："教师要关注互联网时代日常生活中语言文字运用的新现象和新特点，认识信息技术对学生阅读和表达交流等带来的深刻影响，把握信息技术与语文教学深度融合的趋势，充分发挥信息技术在语文教学变革中的价值和功能。"

信息化工具的运用，使学习变得更加快捷、高效。传统的语文学习往往依赖于纸质教材和课堂教学，而现在的信息化工具则可以通过大数据分析，智能推荐适合学习者的学习内容和路径。无论是字词识记、阅读理解，还是作文练习，信息化工具都能根据我们的学习习惯，提供个性化的学习方案，帮助我们更快速地掌握知识。甚至，有的信息化工具还具备工具书的功能，不仅收录了海量的词汇、例句和文章，还提供了详细的解释和用法说明。在学习过程中，我们可以随时查阅这些工具，解决遇到的问题，加深对语文知识的理解和运用。例如，"纸条"App 每日都会推送三条发人深省的短文案，为学习者的写作积累素材，学习者还可以根据个人写作计划，记录自己的写作经历和成长足迹；"学习强国"App 在"文化专栏"菜单下，有系统的中国五千年文化典籍，还有故事、视频、解读，内容极其丰富……

这些信息化工具犹如一把把开启知识宝库的钥匙，为我们提供了前所未有的学习体验，让语文学习变得更加生动有趣、快捷便利，无论是字词查询、成语解释，还是古文赏析、作文辅导，都为我们提供精准、丰富的资源支持。

让我们携手共进，在信息化的时代里，用信息化工具点亮我们的智慧之光，走进精彩的语文世界！

语文是基础教育课程体系中的一门学科，是人们相互交流思想的汉文及汉语工具。现如今，中小学语文学科教学面临着不一样的挑战。

　　小学特别是低年级学生在语文学习中面临语文知识理解难、知识记忆难、学习兴趣不高等诸多问题，导致课堂教学质量和效率都不高。但如果用一些信息化工具加以辅助，如"快乐记生字""螺蛳大语文"等工具，可提升教与学的趣味性，协助解决以上问题。

　　中学语文的重难点是积累大量的知识：字音、词语、美句、修辞、逻辑、文学文化常识等，特别是培养正确的逻辑思维和人文思想。教学重点更多在阅读和古文方面，"古诗文网""纸条""初中语文"等工具着力于帮助中学生积累诗文，形成正确的逻辑思维。

二、　学科工具

（一）　精品应用

古诗文网	工具类型：App 工具简介： 是一款快速获取古诗文资料的软件，囊括中小学要求的文言文和古诗文，翻译、注释、赏析、背诵一应俱全
纸条	工具类型：App 工具简介： 是一款作文素材积累类软件，实时更新写作素材，紧跟时事热点，涵盖作文的真题解析、素材积累和范文
典读	工具类型：App 工具简介： 是一款内容全面的经典文学阅读软件，收录数百万古今中外的名言金句、诗词曲赋、名著美籍等
疯狂刷题	工具类型：App 工具简介： 是一款适用于各种考试，各类学科备考的全面刷题软件，功能多样，种类齐全

	工具类型：App 工具简介： 是一个国家出品的学习平台，不仅有国家资讯，还有很多考研、软件课程和中小学同步课程，适合教师教学、学生研学		工具类型：App 工具简介： 是一个提供唐宋元明清相关中国传统文化、古诗词的学习工具，有摘录、精选分类、学习计划和练字模式等有趣功能
学习强国		西窗烛	
	工具类型：App 工具简介： 是一个好用的试卷作业还原工具，拥有错题整理及组卷的功能		工具类型：App 工具简介： 是一款适用于语文基础知识综合梳理的实用软件，收录了初中阶段的各类基础知识
蜜蜂试卷		初中语文	
	工具类型：App 工具简介： 是一款以生动的漫画短视频课程为主的学习软件，围绕教学大纲，紧贴课本，调动学生学习兴趣，开阔学生视野		工具类型：App 工具简介： 是教师备课好帮手，同步了语文课本，有详细的课堂笔记、板书图解、单元范文及重难点目标，一步搞定备课
螺蛳 大语文		语文 同步学	
	工具类型：小程序 工具简介： 是学习古诗词和文言文的小帮手，包含小初高必背古诗词和文言文以及相关背景注释		工具类型：小程序 工具简介： 是一个适合幼小衔接的小学生进行拼音学习的小程序，能将声韵母拼起来并准确发音，实现轻松学习
诗词 文言文①		小学 YU WEN	

---

①　因小程序更新迭代速度快（包括更改名称、停止使用等情况），具体使用以当下搜索结果为准。

瑞文作文	工具类型：小程序 工具简介： 是一个作文学习小程序，将作文根据不同年级分为各类主题，适合初学作文的学生进行仿写和积累	快乐记生字	工具类型：小程序 工具简介： 是一个生字学习平台，同步小学课本一至六年级的生字，让学生以四种练习模式趣味学习生字
看拼音写词语出题器	工具类型：小程序 工具简介： 是一个中小学语文字词学习小程序，同步教材课本、专项练习出题，生成试卷	字音字形	工具类型：小程序 工具简介： 是一个语文综合学习小程序，涵盖中考必考基础题型，可检测每一阶段课本知识检测情况，生成错题本及分析报告
小学古诗练习	工具类型：小程序 工具简介： 是一个小学诗词练习背诵平台，有小学必背 80 首古诗和 242 首小古文，搭配了古诗练习和拓展	拼音发音点读	工具类型：小程序 工具简介： 是一个语文拼音学习小程序。收录了所有小学语文课本关于每篇课文知识点的思维导图、重点知识点分析、课本语音讲解
小学语文 100＋	工具类型：小程序 工具简介： 是一个趣味游戏学习小程序，有体力值限制，可防止孩子沉迷，内容全面、劳逸结合	我在小学教语文	工具类型：公众号 工具简介： 是安徽省特级教师李竹平分享教育生活和教育思考的公众号

（二） 小学工具推荐

古诗文网

（1）工具概述。

古诗文网是一款专注于古诗文服务、能快速获取古诗文相关资料的软件，囊括中小学要求的文言文和古诗文。翻译、注释、赏析、朗诵、背诵一应俱全，该工具适用于所有喜爱或学习古诗文的各年龄层人群。

（2）古诗文网的使用方法。

①打开手机应用市场，输入关键词"古诗文网"，可免费下载这款应用软件。

②打开"古诗文网"应用程序，进入主页面。在主页面，可看到导航栏中有"我的""推荐""诗文""名句""作者"和"古籍"六大部分，如图 1-1 所示。

图 1-1 "古诗文网"主页面

③轻触"我的"可查看收藏、诗单、背诵情况和标注;轻触"推荐"可查看不同推荐诗文,点击每篇诗文下面的"小喇叭"可进行朗诵;轻触"诗文""名句"或"古籍"有不同分类的内容可供选择;轻触"作者"可查找不同朝代诗人的生平描述,如图1-2、图1-3所示。

图1-2 "我的""推荐""诗文"页面

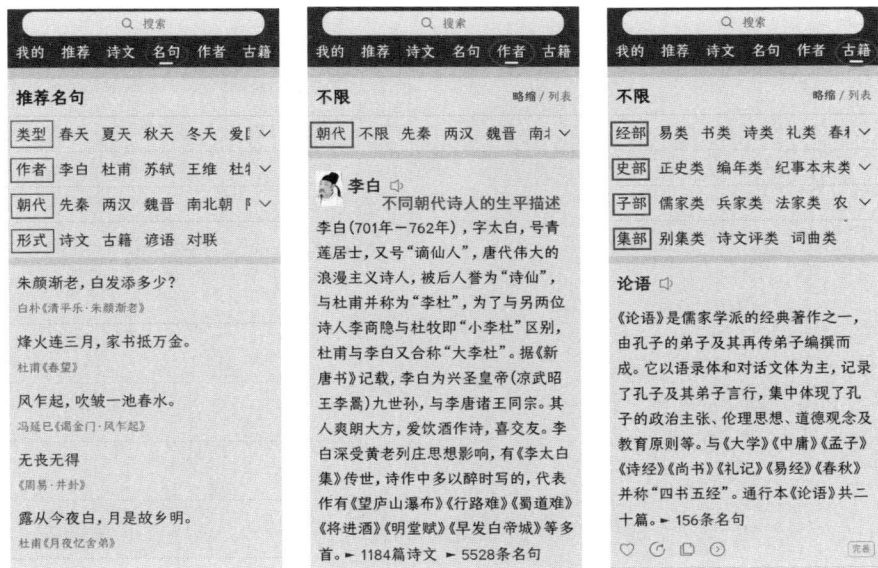

图1-3 "名句""作者""古籍"页面

④找到任意一篇诗文，分别点击标题右边"译""注""赏"，可得到相应的译文、注释、赏析，如图 1-4 所示。

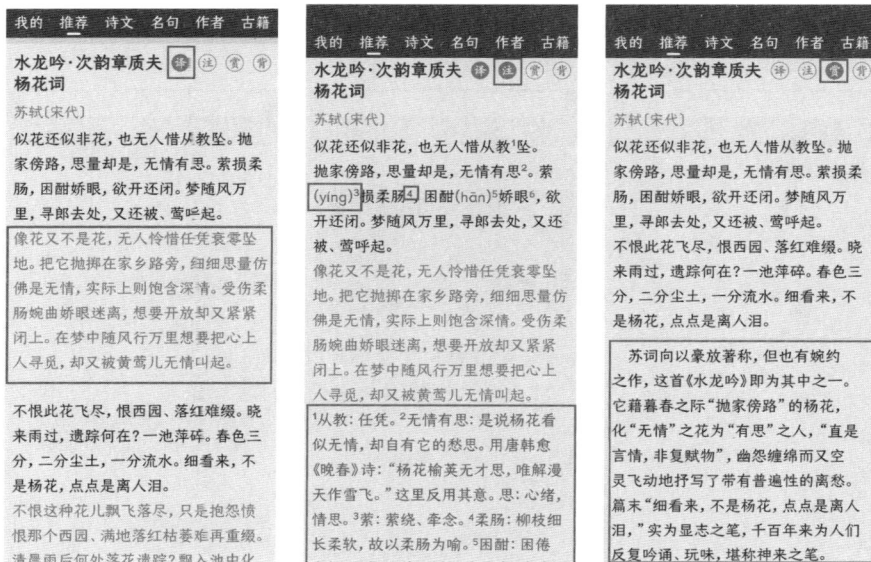

图 1-4　"译""注""赏"页面

⑤轻触"背"，可进行诗文背诵；拖动上方进度条，可选择不同程度的背诵难度，如图 1-5 所示。

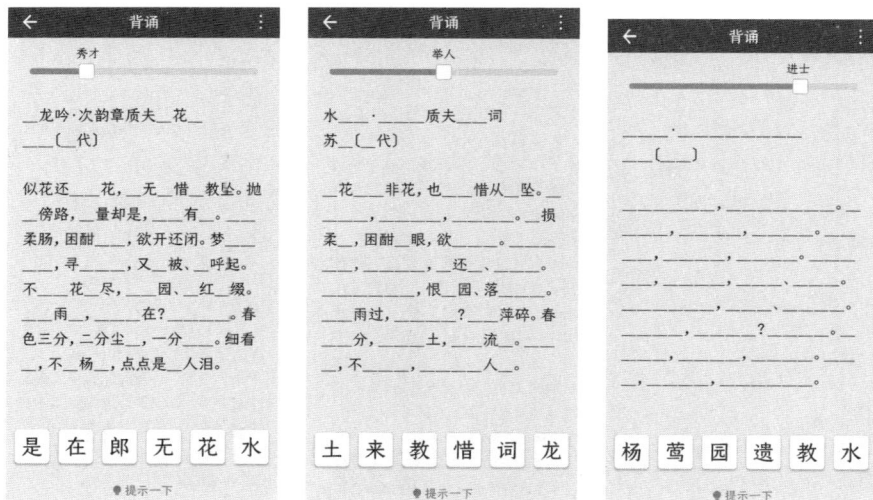

图 1-5　"背诵"页面

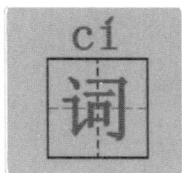

看拼音写词语出题器

（1）工具概述。

看拼音写词语出题器是一款中小学语文字词学习小程序，同步教材课本、专项练习出题，生成试卷，适用于教师和家长打印生字词供学生学习。

（2）看拼音写词语出题器的使用方法。

①打开微信，点击右上角搜索符号🔍，输入关键词"看拼音写词语出题器"，可免费使用这款小程序。

②打开"看拼音写词语出题器"小程序，进入主页面。在主页面，我们看到导航栏里有八大部分，如图1-6所示。

图1-6　"看拼音写词语出题器"主页面

③分别点击"成语专项""一读就错的词""试卷广场"后，界面如图 1 - 7 所示，按照提示操作即可。

图 1 - 7　"成语专项""一读就错的词"和"试卷广场"页面

④点击"自由出题"，可按需求进行出题；"错题本"可记录学生错题，如图 1 - 8 所示。

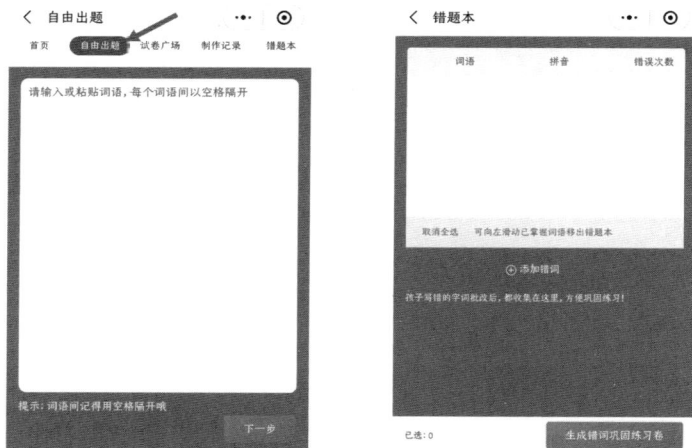

图 1 - 8　"自由出题""错题本"页面

⑤轻触"使用技巧"，可查看教师和家长使用技巧，如图 1 - 9 所示。

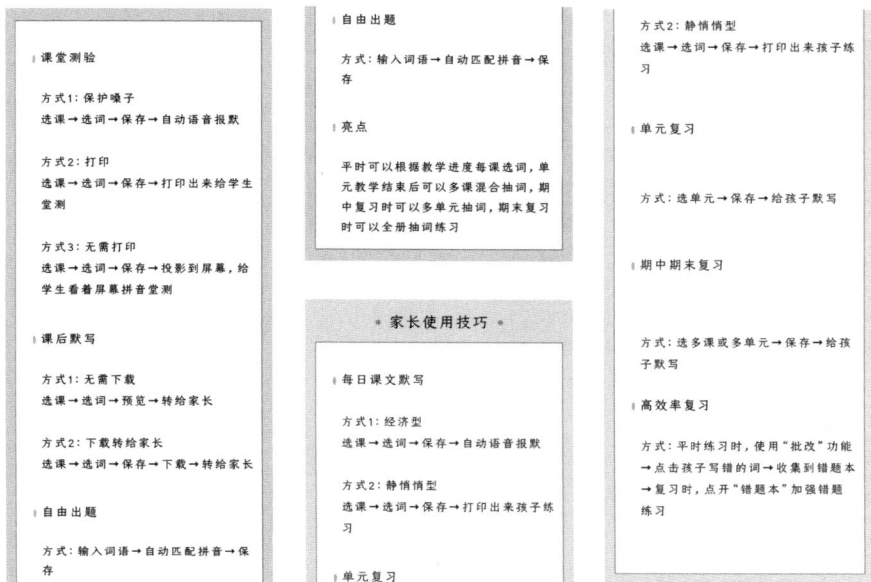

图 1-9　"使用技巧"页面

（三）中学工具推荐

纸条

（1）工具概述。

纸条是一款作文素材积累型软件，可根据自身学习情况制订计划进行积累或练笔，紧跟时事热点，实时更新写作素材，涵盖作文的真题解析、素材积累和范文，适合中学及以上的学生使用。

（2）纸条的使用方法。

①打开手机应用市场，输入关键词"纸条"，可免费下载这款应用软件。

②打开"纸条"应用程序，进入主页面。在主页面，我们可以看到导航栏中有"作文""发现""小卖部"和"我的"四大部分，如图 1-10 所示。

图1-10　"纸条"主页面

　　③轻触"作文",可看到各类素材范文、合集月刊等,供按需选择;还可点击上方导航栏的"每日速递",查看最新素材,其活动纸条中有详细的作文题目、练笔展示及专业人士的点评,如图1-11、图1-12所示。

图1-11　"作文"页面

图 1-12　"每日速递"活动纸条页面

④轻触"发现"，可看到许多用户的练笔；轻滑上方导航栏，还可看见不同板块，如图 1-13 所示。

图 1-13　"发现"页面

⑤在"作文"页面首页还能选择"学习计划"，个人可根据自身情况进行训练，如图 1 - 14 所示。

图 1 - 14　"学习计划"页面

⑥"纸条"还有一个特色——"练笔"，点进任何一张纸条，若页面右下角出现"练笔"或"创作"标签，点击即可进入创作页面，如图 1 - 15 所示。

图 1 - 15　"练笔"步骤页面

典读

（1）工具概述。

典读是一款内容全面的经典文学阅读的软件，不仅有听书功能，还收录了数百万古今中外的名言金句、诗词曲赋、名著美籍、美文典故，适合所有喜爱或学习经典文学的朋友。

（2）典读的使用方法。

①打开手机应用市场，输入关键词"典读"，可免费下载这款应用软件。

②打开"典读"应用程序，进入主页面。在主页面，导航栏上有"精选""书""听""诗""文""典"等部分。轻触"典"部分，有成语典故、文学典故，如图1－16所示。

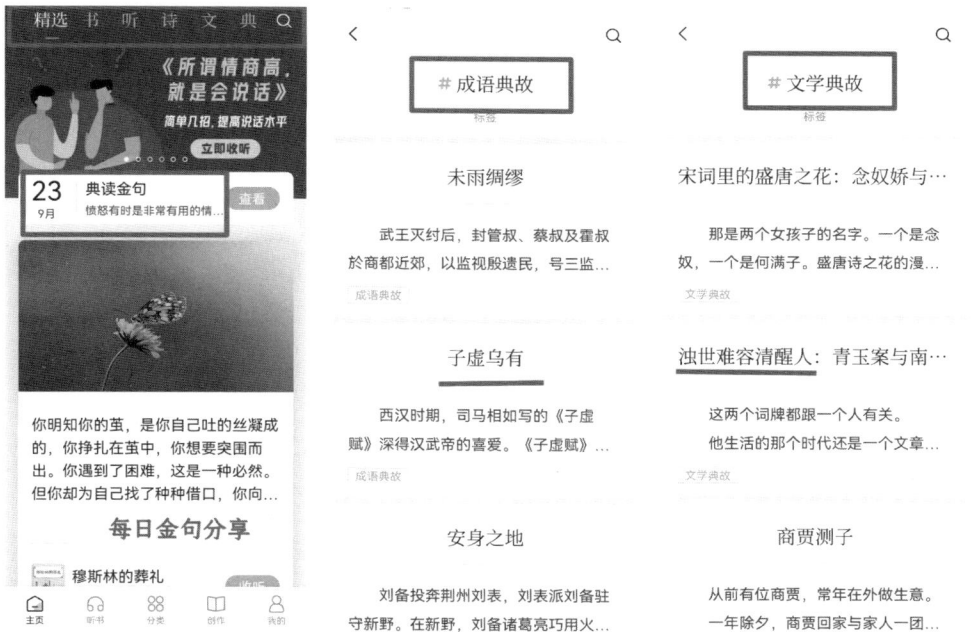

图1－16　"典读"主页面及"典"页面

③下方导航栏各界面中也有详细分类，如"听书"分为国内文学、国外文学、名人传记；"分类"分为名句、诗词、读书等；"创作"分为精选、推荐、关注，如图 1－17 所示。

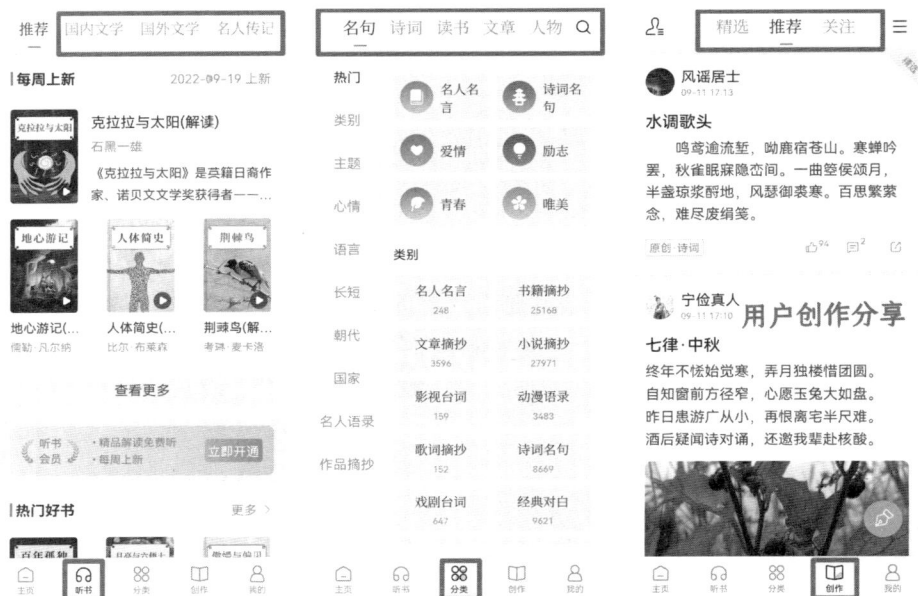

图 1－17　"听书""分类"和"创作"页面

初中语文

（1）工具概述。

初中语文是一款适用于语文基础知识综合梳理的实用软件，收录了初中阶段的各类基础知识，包含了文言文和古诗词的重点讲解、三大专题（字词句、阅读写作、文言文），适用于初中教师备课及学生学习。

（2）初中语文的使用方法。

①打开手机应用市场，输入关键词"初中语文"，可免费下载这款应用软件。

②打开"初中语文"应用程序，选择对应教材后进入主页面。若学习完该阶段，可进行教材的重选。主页面导航栏有"学习""练习""更多"和"我

的"四部分，点击"学习"和"练习"后，界面如图1-18所示。

图1-18　"选择教材""学习"和"练习"页面

③学习教材内容时，点击任一篇课文，开始分步骤学习，如图1-19、图1-20所示。

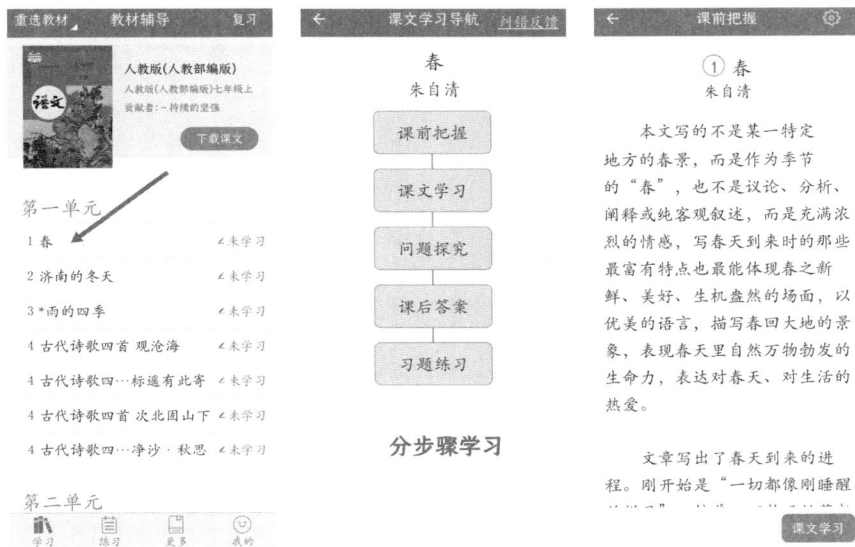

图1-19　"分步骤学习"页面1

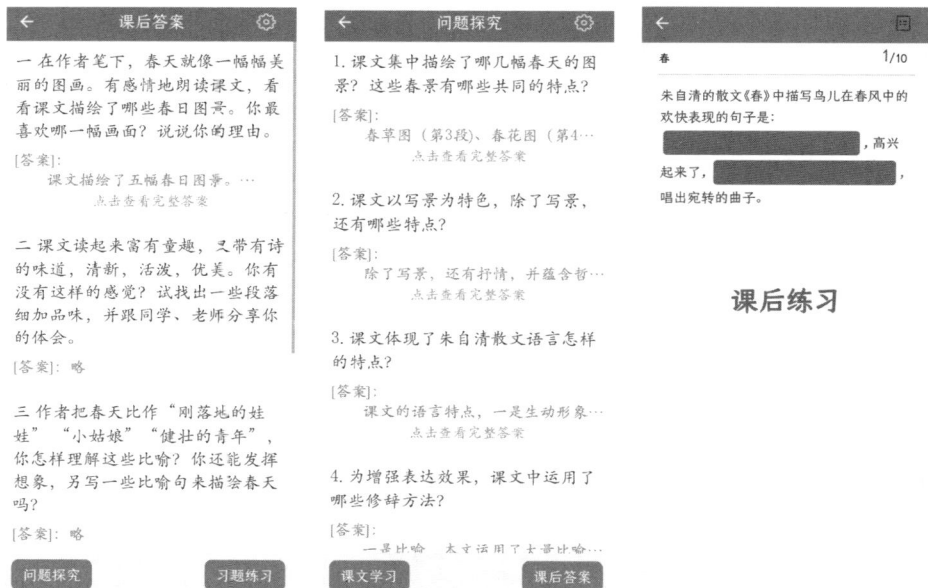

图 1-20 "分步骤学习" 页面 2

④轻触"更多",可看到多板块趣味游戏学习方式,在闯关中掌握知识,如图 1-21 所示。

图 1-21 "更多"多板块学习页面

三、　教学研究

"班级优化大师"：魔法般的班级管理①

身为小学语文教师，我时常思考如何让课堂更加生动有趣，如何更有效地激发学生的学习兴趣。而"班级优化大师"App 给了我答案，它就像是一个充满魔力的宝盒，为我的班级注入了无尽的活力和欢乐。

1. 课堂变成冒险岛，学习变得充满乐趣

每当语文课开始，学生都仿佛踏入了一个神秘的冒险岛。我利用"班级优化大师"App 的抢答功能，将课堂问题设计成一个个宝藏寻找任务。学生争先恐后地举手，想要成为第一个找到宝藏的冒险家。这种游戏化的学习方式不仅激发了学生的参与热情，还提高了他们的注意力集中度。当有学生问题回答正确，我就会在 App 上为他们加上一分（见图 1 – 22），让他们获得一颗星星，仿佛是他们真的找到了一颗闪闪发光的宝石。学生为了争取更多的星星，都积极参与课堂互动，学习变得更加有趣和高效。

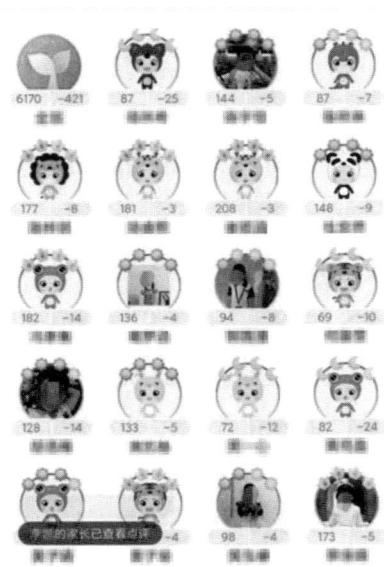

图 1 – 22　学生积分图

---

① 本文为广州市南沙区榄核第二小学李雅玲所作。

2. 家校沟通成"秘密通道"，增进彼此了解与信任

家长总是好奇孩子在学校都发生了什么。为了满足家长的好奇心，我利用"班级优化大师"App的即时通信功能，为家长开通了一条"秘密通道"。我会定期在App上发送学生在课堂上的精彩瞬间、学习进步的小视频，甚至是孩子课间玩耍的欢乐照片。家长通过这些"秘密情报"，不仅能实时了解孩子在学校的学习和生活情况，还能感受到孩子的快乐成长，这种即时反馈机制加强了家校之间的沟通与信任，为孩子创造了一个更加和谐的学习环境。家长们也通过这条"秘密通道"，向我反馈孩子们在家中的表现，让我更加全面地了解每个学生，为他们的个性化教育提供更有力的支持。

3. 个性化评价成"魔法勋章"，激励学生不断进步

每个学生都有自己的特长和闪光点。为了让学生感受到自己的独特之处，我利用"班级优化大师"App的自定义评价功能（见图1-23），为学生设计了各种"魔法勋章"。有的学生因为朗读有感情，获得了"小小朗读者"勋章；有的学生因为字写得好，被赋予了"书法小能手"勋章。这些个性化的评价不仅让学生感到自豪和满足，还激发了他们继续努力的动力。学生为了获得更多的勋章，都积极展现自己的特长和优点，形成了积极向上的学习氛围。同时，这些勋章还可以作为学生学习进步的见证，鼓励他们继续保持良好的学习习惯和行为表现。

图1-23　根据学生表现生成的评价

4. 每周光荣榜成"星光大道"，树立榜样力量

每周五的下午都是我们班级的"星光大道"时刻。我会更新"班级优化大师"App 中的光荣榜（见图 1-24），将表现优秀的学生名字和照片展示在屏幕上，并让他们在课堂上进行抽奖（见图 1-25）。看到自己的名字和照片出现在光荣榜上，学生们仿佛走上了真正的星光大道，脸上洋溢着自豪和喜悦的笑容。这种正向激励不仅让学生们更加珍惜自己的荣誉，还激发了其他学生积极向上的竞争意识。同时，光荣榜也成了班级文化的一部分，传递着积极向上的价值观和班级精神。学生在光荣榜的激励下，都努力向榜样看齐，形成了良好的学习氛围和竞争态势。

图 1-24　班级光荣榜

图 1-25　学生抽奖

5. 课堂小工具成"魔法道具"，提升教学效果

在进行识字教学时，我利用"班级优化大师"App 的随机点名功能，将每个学生的名字都写在一张"魔法卡片"上。每当我需要点名时，就会随机抽取一张卡片，仿佛是从魔法帽里变出一位小魔法师。这种神秘感让学生对课堂充满了期待和好奇，也增加了课堂的趣味性和互动性。此外，"班级优化大师"App 还提供了电子考勤、分组教学等小工具，帮助教师更加高效地进行课堂管理。通过这些小工具，我可以轻松掌握每个学生的学习情况，及时调整教学策略，提升教学效果。

"班级优化大师"App 这些魔法般的功能不仅让我的语文课堂变得更加生动有趣，还让我的班级管理变得更加轻松高效。我相信，在这个充满魔力的班级里，学生一定能够快乐学习、茁壮成长，共同创造更多美好的回忆！同时，我也将继续挖掘"班级优化大师"App 的更多功能，为我的班级管理和语文教学注入更多的活力和创意。

第二章

数学学科工具

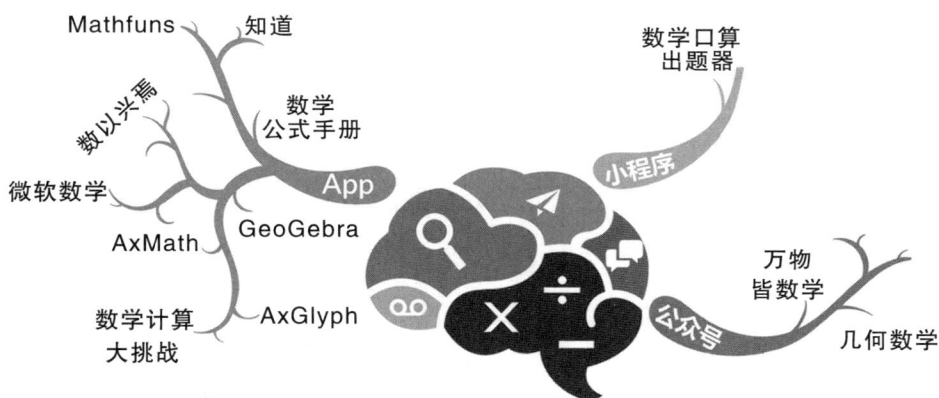

Mathfuns　知道

数以头焉

数学
公式手册

微软数学

App

AxMath　GeoGebra

数学计算
大挑战　AxGlyph

数学口算
出题器

小程序

万物
皆数

公众号

几何数学

一、 学科基本情况

　　数学，是研究数量、结构、变化、空间以及信息等概念的一门学科，从某种角度看它属于形式科学的一种。在人类历史发展和社会生活中，数学发挥着不可替代的作用，也是学习和研究现代科学技术必不可少的基本工具。

　　数学是素质教育的重要组成部分，对其他学科的学习具有一定的影响力，其教育结果直接影响学生的知识结构体系。数学教育也是促进学生自我教育的重要媒介之一。

　　数学教育的过程是正确培养学生数学学习能力的过程，包括培养学生的观察力、记忆力、思维力、想象力、注意力以及自学等能力。数学教育过程是一个需要深入探究的过程，在这一过程中，教师要根据不同学段学生的思维方式以及接受能力合理地开展教学工作，使用合适的教学工具来提升教学效果。

　　小学阶段是学生思维启蒙的关键时期，然而从现实状况看，小学生对数学学科的兴趣和学习习惯正在养成阶段。一方面，他们对新事物容易产生较强的兴趣；另一方面，他们的注意力转移的速度较快，对事物的兴趣会瞬间消失。因此，小学数学教师的教学应当考虑心理活动对学生学习知识的影响，教学过程应生动有趣，避免枯燥的教学让学生失去学习兴趣。

　　新一轮基础教育课程改革（简称"新课改"）实行之后，数学教材和辅助教材的内容也相应地发生了变化，图片、文字等内容的配合使得教材的表达手段变得更加多元化；在难度上也有了大幅的提升，对学生的各种思维方式有一定的要求。逻辑思维、创造性思维在数学知识的学习中应用较广，低年级的小学生如果在思维方式上跟不上，则很有可能跟不上教师的讲课进度。"数学计算大挑战"是一款集数学练习、拓展和趣味游戏于一体，锻炼数学计算能力的 App，它能帮助我们每天锻炼大脑，提高解决问题的能力。该 App 根据不同人群分为不同测试类型，适合任何年龄段用户使用，既适合幼儿园升小学及中小学年龄段的孩子学习数学计算，也适合家庭成员间进行计算比赛；有各类益智游戏，专注于注意力训练与逻辑思维训练，如舒尔特方格、数字划消、数独、翻牌消除等经典益智模型，让人在快乐游戏中提升思维能力，还可选择不同难度模式进行进阶思维训练。

　　在小学阶段通常有大量的计算题，计算的基础是训练数学思维与逻辑思维，各种加减乘除、等式的计算难倒了许多学生。怎样提升学生的计算能力，首先就是掌握方法，在"数学计算大挑战"中，如特殊数的运算，在完成习题前会出现相应速算的讲解，在习题练习环节加以巩固，以达到快速完成运算的目的。其次就是多加训练，教师可以使用"数学口算出题器"，根据不同的教材与教学进度随机生成大量加减乘除口算题，还可以将口算题一键生成试卷，支持打印，方便教师布置数学口算作业，从而达到锻炼学生计算能力的目的。

中学阶段是学生知识奠定的根基时期，然而在此阶段，数学教学普遍存在教学理念陈旧、教材结构和教学模式单一、学生缺乏积极性、对数学存在畏惧厌恶心理、教学内容不合理、教学与学习之间失衡等问题。

在中学数学教学中，部分教师受传统观念影响，对"新课改"缺乏正确的认知，教学理念陈旧，教学方式单一。固化的教学模式限制了学生的发展，学生在学习中处于被动状态，在课堂中被动听课，课后机械式地完成作业，缺乏主动思考，不利于自身的发展。在实际教学中，许多数学教师仍旧按照自己的思维进行教学，利用多媒体播放课件，且课件是从网上直接下载的，多为教材内容，没有结合实际情况，没有对课件进行优化、补充和延伸，教学仍然未脱离"教师讲、学生听"的传统模式。中学数学教学课程范围广，涵盖内容多，知识点繁杂，教师一味地根据教材开展教学，导致教学内容不合理，且灌输式的教学方式使教学僵化，也使学生缺乏学习兴趣，在学习中面临着较多的问题。

由于认知水平有限，学生解决数学问题时会遇到一些困难，其主要表现为数学迁移能力差。学生缺乏有效的数学迁移能力，对抽象的数学材料难以理解，因而出现数学学习困难的问题。也就是说，如果学生能准确地把抽象的数学符号转化成形象的表征系统，就可以使数学的计算更具操作性，更有利于对已知的信息进行精心处理，就可以利用已学的知识、经验和技能确定解题的策略。此时，教师可使用"微软数学""Mathfuns"等 App 来辅助教学，其中，"Mathfuns"具有公式编辑器、图形计算器、超级计算器、分步求解器等功能，可利用独有的计算引擎为广大学生及教师提供解题服务，通过对每步解题的详细分析，引导学生理解并掌握计算中所包含的解题思路。

由于记忆力强弱的差异，面对中学阶段较为繁多零散的知识点，部分学生无法完全记忆，在实际应用中找不到对应的公式来解题。此时，学生可以使用"知道""数学公式手册"等辅助 App 来帮助记忆公式，根据不同的知识模块来分区记忆，将相似的知识点放在一起对比记忆。

由于思维能力的差异，部分学生无法区分和分析各类函数的图像，并将其应用于实际题目中。例如在"三角函数"的教学中，掌握三角函数的本质、学会分析函数图像，是这一课的主要教学目标，但部分学生容易混淆正弦、余弦，以致无法正确区分两者的图像。又例如在"正弦定理"的教学中，教师要借助学习软件绘制三角形，让学生观察三角形的大小、形状、位置等变化，进而理解三角形各边和其对角正弦值的比都相同等知识点。此时，教师可辅助使用"数以兴焉""GeoGebra""Mathfuns""AxMath""AxGlyph"等 App 来进行教学工作，其中"GeoGebra"可实现集交互式几何、代数、统计和微积分于一体的动态数学教学；可以在上面画点、向量、线段、直线、多边形、圆锥曲线，甚至是函数，基本满足数学学科的所有课程相关的图形绘制内容；可以直观展示数学函数图像，通过数形结合加深学生的印象，使学生在课后也可自行加强对函数的理解。

苏联教学论专家巴班斯基曾指出："教学方法是由学习方式和教学方式运用的协调一致的效果决定的。"从国际教育改革和发展趋势来看，教会学生学习、教会学生积极主动发展是世界各国的共同目标。在人类进入信息时代的新世纪，知识不断更新，学习成为贯穿人一生的事情，一方面不仅要关注学生素质发展的全面完善以及个性的健康和谐发展，另一方面还要关注学生的学习和发展，更为重要的是，要让学生愿意学习，学会学习，掌握学习的方法、技能，能够积极主动地学习。

对学生数学学习方法的指导，要力求做到转变思想与传授方法结合、学法与教法结合、课堂与课后结合、教师指导与学生探求结合，建立纵横交错的学法指导网络，促进学生掌握正确的学习方法，为学生日后进一步进行数学学习打好良好的基础。在此阶段，教师应该深入挖掘教材因素，注意疏通信息渠道，善于引导学生积极思考，使学生不断发现问题或提出假设，解决问题并对结果进行检验，从而形成勇于钻研、不断探究的习惯，架设起学生由知识向能力转化、能力与知识相融合的桥梁。

二、 学科工具

（一） 精品应用

$\sqrt{2}$ 数学公式 手册	工具类型：App 工具简介： 是一款用于查询数学相关公式的软件，内置了众多数学工具，几乎涵盖了小学、初中、高中、大学所涉及的全部数学公式	知道	工具类型：App 工具简介： 是一款数学知识软件，提供准确、标准、美观的公式定理搜索和查看功能

GeoGebra	工具类型：App 工具简介： 是一款集交互式几何、代数、统计和微积分于一体的动态数学软件，可以在上面画点、向量、线段、直线、多边形、圆锥曲线，甚至是函数，基本满足数学学科的所有课程相关的图形绘制内容	Mathfuns	工具类型：App 工具简介： 是一个新型通用超级计算器，具有公式编辑器、图形计算器、超级计算器、分步求解器等功能，利用独有的计算引擎为广大学生及工程技术人员提供解题服务
数以兴焉	工具类型：App 工具简介： 是一款集公式编辑器和函数图像绘制于一体的软件。同时汇集基础数学公式，帮助使用者记忆背诵；直观展示数学函数图像，利用数形结合加深印象	微软数学	工具类型：App 工具简介： 是一款面向小学、初中和高中各个级别和各种类型数学问题的软件，利用独有的人工智能数学解题引擎为广大学生与家长提供解题帮助
AxMath	工具类型：App 工具简介： 是一个专业的公式编辑、排版及计算器，具备基于公式的科学计算能力，支持 OLE 嵌入，可以和 Word、WPS 等协同编辑，采用可视化的编辑方式将公式导出为各种图片形式，便于在教学中使用或在其他场合发布	数学计算大挑战	工具类型：App 工具简介： 是一款集数学练习、拓展和趣味游戏于一体，锻炼数学计算能力的软件，它能帮助学生每天锻炼大脑，提高解决问题的能力

	工具类型：App 工具简介： 是一款十分优秀的矢量学科绘图软件，支持自由矢量画笔、混合矢量路径和矢量漫水填充、自由定义的磁力点阵、插图编号及引用管理，简单便捷		工具类型：小程序 工具简介： 可随机生成大量加减乘除口算题，可一键生成试卷，支持打印，方便教师布置数学口算作业
AxGlyph		数学口算出题器	
万物 皆数学	工具类型：公众号 工具简介： 分享最优质的数学课件、微课、数学工具、学习资料以及科普文章	几何数学	工具类型：公众号 工具简介： 是一个为数学教师、学生、家长、数学爱好者提供学习的平台，提供一些有趣的数学知识、几何/代数模型、GGB 软件作图、家庭教育、数学课程设计等

（二） 小学工具推荐

数学计算大挑战

（1）工具概述。

数学计算大挑战是一款集数学练习、拓展和趣味游戏于一体，锻炼数学计算能力的 App，它能帮助我们锻炼大脑，提高解决问题的能力。该 App 根据不同人群分为不同测试类型，适合不同年龄段的用户使用，既适合幼儿园升小学及中小学年龄段的孩子学习数学计算，也适合家庭成员间进行计算比赛。

（2）数学计算大挑战的使用方法。

①打开手机应用市场，输入关键词"数学计算大挑战"，可免费下载这款应用软件。

②打开"数学计算大挑战"应用程序，进入首页可以看到该 App 主要包含六大块内容，分别为口算练习、速算、应用扩展、有趣的数学、益智训练、数学工具。

口算练习，囊括了几乎所有类型的口算，从 10 以内加减法到小数计算，用固定时长挑战更多题目的形式来呈现，即使是成年人使用也觉得乐趣无穷。计算部分默认以 60 秒为限，以 60 秒内的答题数量与正确率为评分标准。可点击"换一换"选择不同的口算类型进行练习，如图 2－1 所示。

图 2－1　"口算练习"页面

速算，则是一种智慧的快速算法，包含各种特殊数的运算，计算的基础是训练数学思维与逻辑思维。速算部分的练习延续了口算练习的做题形式，但在完成习题前会出现相应速算的讲解。如在完成十位相同，个位相加为 10 的特殊两位数乘法练习前会出现对应的说明（见图 2－2），在习题练习环节加以巩固，以达到快速完成运算的目的。

图 2－2　"速算"页面

应用扩展，包含平衡等式计算、数列（见图 2-3），训练数学思维与逻辑思维，提升学生各方面思维能力。

图 2-3　"应用扩展"页面

有趣的数学，则汇聚了各类数学游戏，在娱乐中锻炼数学思维能力，掌握数学计算方法。以"八皇后问题"为例，在游戏之余还给出了该游戏涉及的相关知识以及解法，如图 2-4 所示。

图 2-4　"有趣的数学"页面

益智训练，专注于注意力训练与逻辑思维训练，有舒尔特方格、数字划消、数独、翻牌消除等经典益智模型（见图 2-5），让人在快乐游戏中提升思维能力。除此之外，还可选择不同难度模式进行进阶思维训练。

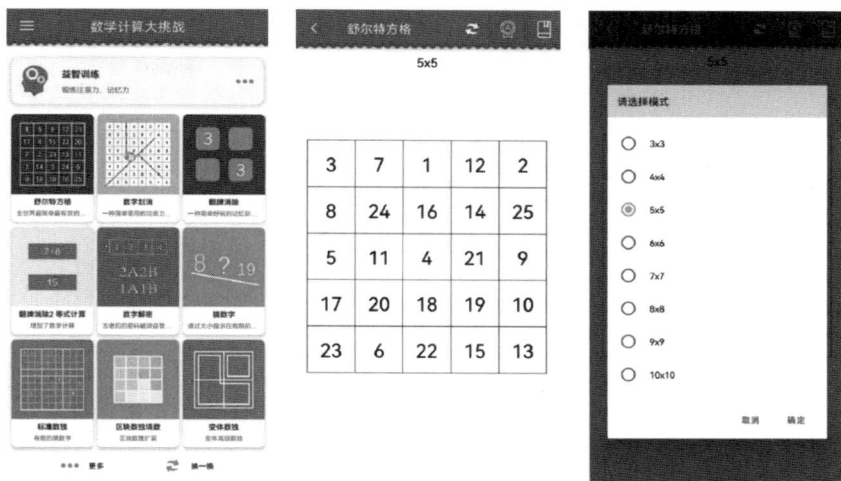

图 2-5　"益智训练"页面

数学工具，提供多种计算模拟工具（见图 2-6），以整数口算训练纸为例，题目可设置不同参数，选择不同难度的题目进行练习，并且其支持打印，生成打印纸（见图 2-7）。

图 2-6　"数学工具"页面

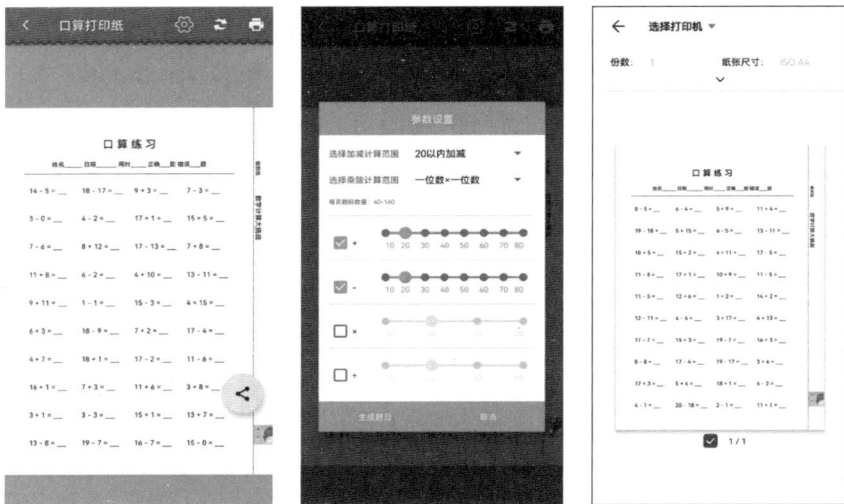

图 2-7　题目参数设置

数学口算出题器

（1）工具概述。

数学口算出题器是一款可随机大量生成加减乘除口算题的微信小程序，可将口算题一键生成试卷，支持打印，方便教师布置数学口算作业。

（2）数学口算出题器的使用方法。

①打开微信，下拉点击搜索小程序，输入关键字"数学口算出题器"，进入小程序。

②进入小程序后可选择"教材同步计算练习"，对不同年龄段的学生进行针对性训练，同时可以根据教学需要自行选择题目数量，如图 2-8 所示。

图 2 - 8 "数学口算出题器"首页及"教材同步计算练习"页面

③选择题量后点击"生成题目",可预览练习卷内容,以一年级内容"10 以内的加减法:一步计算"为例,在生成练习卷后,可将横式计算切换成竖式模式,预留充足的位置,还可以点击按钮将数学题切换成图形题,便于年龄较小的学生更好地理解题目。生成的练习卷可支持下载打印,也可以在线练习,如图 2 - 9 所示。

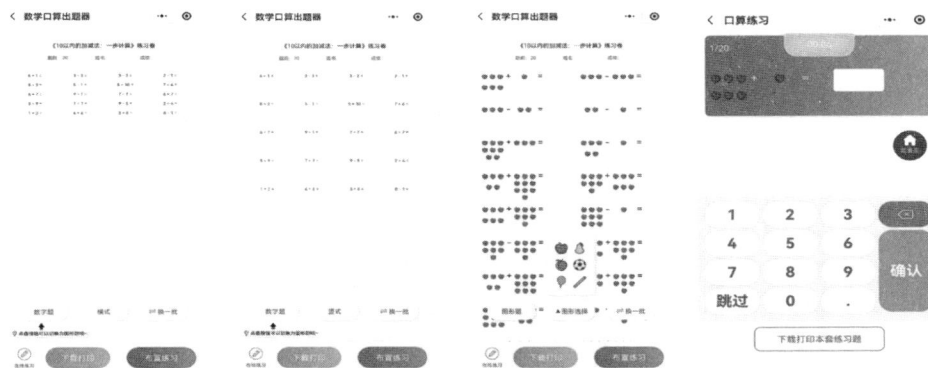

图 2 - 9 "练习卷"页面

（三） 中学工具推荐

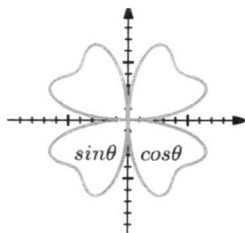

数以兴焉

（1）工具概述。

数以兴焉是一款集公式编辑器和函数图像绘制于一体的软件。它还汇集了众多基础数学公式，帮助使用者记忆背诵；直观展示数学函数图像，利用数形结合加深使用者对知识的印象。

（2）数以兴焉的使用方法。

①打开手机应用市场，输入关键词"数以兴焉"，可免费下载这款应用软件。

②打开"数以兴焉"应用程序，首页有"创意展示""创作中心""公式记忆""草稿本""线性变换""指引＆基础""求解试算""学习笔记"八个模块，如图 2 - 10 所示。

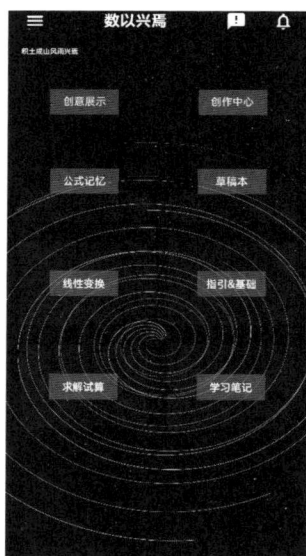

图 2 - 10 "数以兴焉"首页

③在"创意展示"模块中可以查看大家所创作的不同作品，以及众多爱好者发布的教程等，这可为使用者提供新鲜开阔的思路，如图2-11所示。

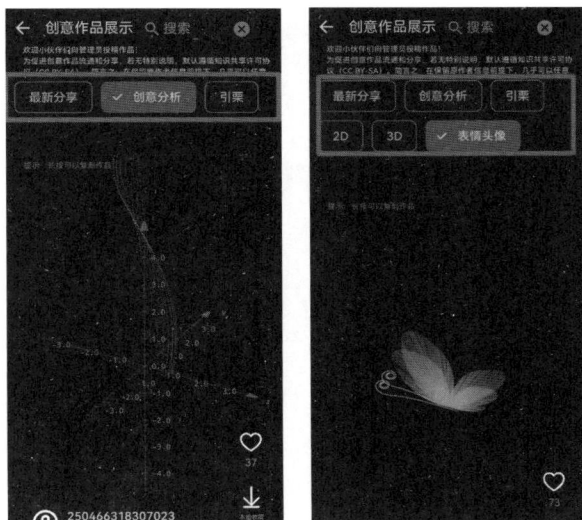

图2-11　"创意展示"模板页面

④在"创作中心"模块中可以点击右下角的加号新建直角坐标系。在新建过程中，2D表示的是二维直角坐标系，3D表示的是三维直角坐标系。只有创建2D或者3D的直角坐标系，才能显示出函数图像。在进入新建的直角坐标系时，可以自定义输入函数公式来展现对应的函数图像，如图2-12所示。

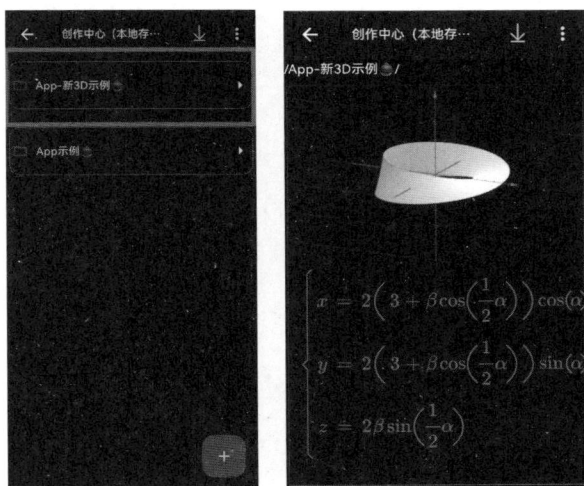

$$\begin{cases} x = 2\left(3 + \beta\cos\left(\frac{1}{2}\alpha\right)\right)\cos(\alpha) \\ y = 2\left(3 + \beta\cos\left(\frac{1}{2}\alpha\right)\right)\sin(\alpha) \\ z = 2\beta\sin\left(\frac{1}{2}\alpha\right) \end{cases}$$

图2-12　"创作中心"模板页面

⑤ "公式记忆"模块包含了高中以及大学的常用公式，点击对应的知识点即可查看相应内容，如图 2 - 13 所示。

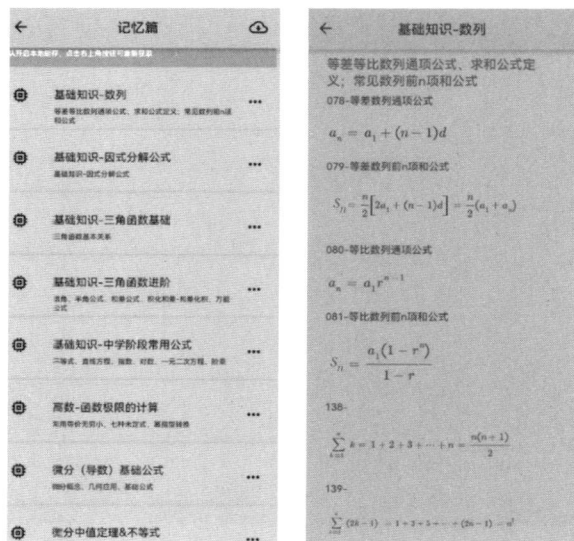

图 2 - 13　"公式记忆"模板页面

⑥在"线性变换"模块中可以设置参数以及动画时长来新建动画，用以演示线性变换的关系，如图 2 - 14 所示。

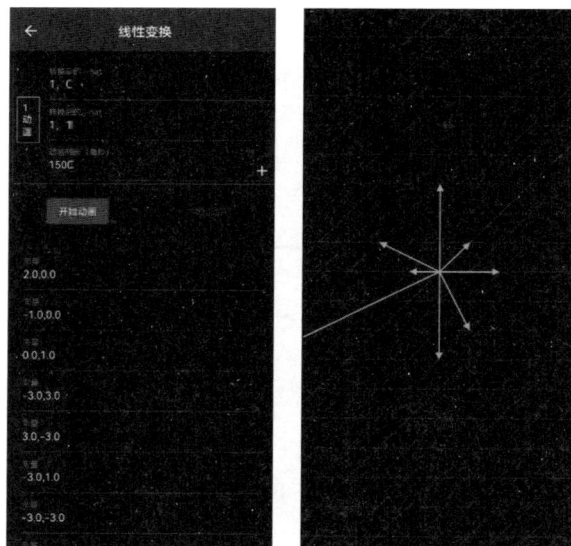

图 2 - 14　"线性变换"模块页面

⑦ "指引 & 常见函数图像" 模块共分为四个部分，分别是 "指引（动画）""二维（2D）图像""三维（3D）图像" 以及 "极坐标（Polar）图像"。"指引（动画）" 部分里面有各类键盘用法的动画，例如点击 "键盘用法 - 01" 可以演示完全平方公式的输入方法。轻触屏幕可暂停，点击一步播放一步，可以跟练以熟悉输入方法，如图 2 - 15 所示。

图 2 - 15 "指引 & 常见函数图像" 模块以及 "指引（动画）" 页面

⑧ "指引 & 常见函数图像" 模块的 "二维（2D）图像""三维（3D）图像" 以及 "极坐标（Polar）图像" 部分可以查看各种函数图像（见图 2 - 16），可点击查看放大的图像，也可以点击 "修改函数数据" 以形成新的函数图像。

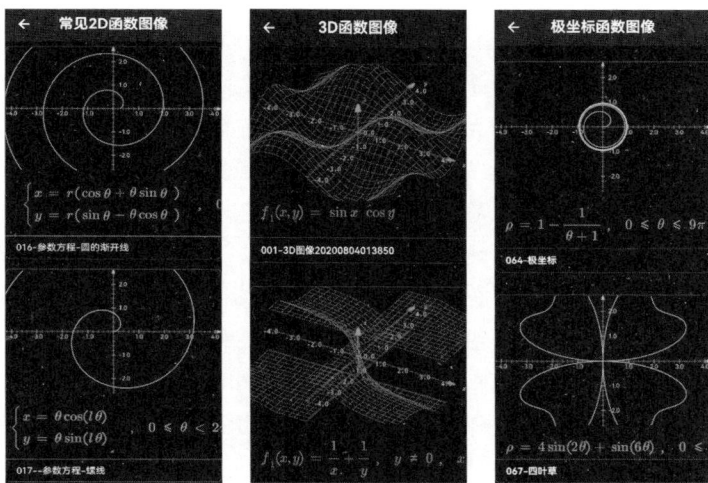

图 2 - 16 常见函数图像

038 ⚡ 智慧教学的 300 个信息化工具

三、 教学研究

"GeoGebra" 助力，动静相宜①

《普通高中数学课程标准（2017 年版 2020 年修订）》强调高中数学教学要以发展学生数学学科核心素养为导向。六大数学学科核心素养之一便是发展学生直观想象的素养，"建立数与形的联系，利用几何图形描述问题，借助几何直观理解问题，运用空间想象认识事物"。文中指出："教师应注重信息技术与数学课程的深度融合，实现传统教学手段难以达到的效果。"而"GeoGebra"就是一款集几何与代数于一体的动态化数学软件，在高中数学教学中应用"GeoGebra"软件，把抽象的函数知识通过图像直观动态地展示出来，从三维空间的各个方位呈现空间几何体的特征，可以最大程度地发展学生直观想象的核心素养。笔者在高中数学教学实践中，深切感受到其功能的强大与使用的便捷。

1. 利用"GeoGebra"软件进行"可视化"数学教学

在高中数学的学习中，数形结合的思想尤为重要。著名数学家华罗庚先生曾精辟地总结道："数缺形时少直观，形缺数时难入微。"函数的学习是高中阶段的重点，也是难点，借助函数图像能够比较直观地理解函数的性质。在教学过程中，借助"GeoGebra"软件快速地作出函数图像，有助于学生学习并进行探究活动。因此，在函数的教学过程中，利用"GeoGebra"软件能够使得数学教学更加"可视化"，优化课堂教学。

案例 1：指数函数的图像与性质

（1）教学内容分析：

指数函数是重要的基本初等函数之一，作为常见函数，它不仅是今后学习对数函数和幂函数的基础，还在生活及生产实际中有着广泛的应用。因此，对指数函数性质的探究是必要的，也是重要的。指数函数是在学生系统学习了函数概念，基本掌握了函数的基本性质的基础上进行研究的，是学生对函数概念及性质的第一次应用。如何突破这个既重要又抽象的内容，其实质就是将抽象的符号语言与直观的图像语言有机地结合起来，借助"GeoGebra"软件把抽象的问题直观化，让学生亲身感受指数函数图像的生成过程，激发学生的求知欲望。

（2）"GeoGebra"与数学课程融合的教学思路：

在传统的课堂教学中，教师多以手工绘图或 PPT 图片展示，但是手工绘图耗

---

① 本文为揭阳市揭东区蓝田中学林晓霞所作。

时长又不精确，PPT图片展示比较僵硬，学生易缺乏体验感。而借助"GeoGe-bra"软件能够快速直观显示函数图像，通过创建滑动条 a，可探究底数对指数函数图像的影响，如图2-17所示。拖动滑动条 a，教师引导学生观察，将指数函数 $y=a^x$（$a>0$ 且 $a\neq1$）的图像分为 $a>1$ 和 $0<a<1$ 两种情况进行分析，使学生容易发现：当 $a>1$ 时，指数函数 $y=a^x$（$a>0$ 且 $a\neq1$）的图像是单调递增的；当 $0<a<1$ 时，指数函数 $y=a^x$（$a>0$ 且 $a\neq1$）的图像是单调递减的。学生也能够通过图像观察并归纳出：指数函数定义域为 R，值域为（0，$+\infty$），过定点（0，1），奇偶性为非奇非偶等性质。这增强了学生的学习体验感，极大地提高了课堂效率。

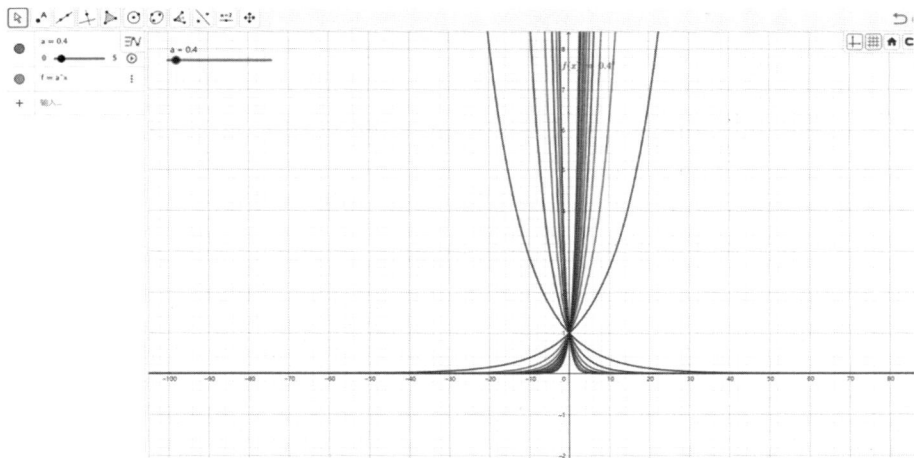

图2-17　指数函数的图像变化

案例2：三角函数的图像

（1）教学内容分析：

教材强调了从三角函数的定义出发研究函数，类比已有的研究方法，通过函数图像获得函数的基本性质。对于作出三角函数的图像，其突出了单位圆的作用。利用单位圆并通过列表、描点、连线的方法绘制图像时，计算三角函数值和描点是比较困难的操作，取近似值容易使图像产生比较大的误差。借助"GeoGe-bra"软件可以比较准确地认识三角函数图像的真实面貌，也能够帮助学生突破学习障碍，初步感知图像的特点，进行自主探究活动，强化数形结合的思想。

（2）"GeoGebra"与数学课程融合的教学思路：

针对三角函数的图像，首先探究的是正弦函数、余弦函数的图像，学生容易发现：当任意角的终边旋转经过整数圈后，终边又回到了原来位置，终边与单位圆的交点也回到了原来位置，坐标不变。这一现象可以用前面刚刚学习的诱导公式一：$\sin(x \pm k \cdot 2\pi) = \sin x$，$\cos(x \pm k \cdot 2\pi) = \cos x$（其中 $k \in Z$）来表示。这说明，自变量 x 每增加或减少 2π 时，正弦函数值、余弦函数值会重复出现。由此可见，要画出正弦函数 $y = \sin \alpha, x \in R$ 的图像，可以先从画 $y = \sin \alpha, x \in [0, 2\pi]$ 开始，简化研究过程。利用 "GeoGebra" 软件可以比较精确地画出 $y = \sin \alpha$，$x \in [0, 2\pi]$ 的图像，再通过不断地向左、向右平移 2π 个单位长度，得到正弦函数 $y = \sin \alpha, x \in R$ 的完整图像，如图 $2-18$ 所示。学生对图像的形状有了直观的认知，抓住关键点，再进一步学习用 "五点法" 作出函数的简图，学生思维有了一个比较自然的过程，对知识有了比较全面的探究，加深了对知识的理解。对余弦函数和正切函数的图像过程化的直观呈现，也有利于学生进行探究，如图 $2-19$、图 $2-20$ 所示。

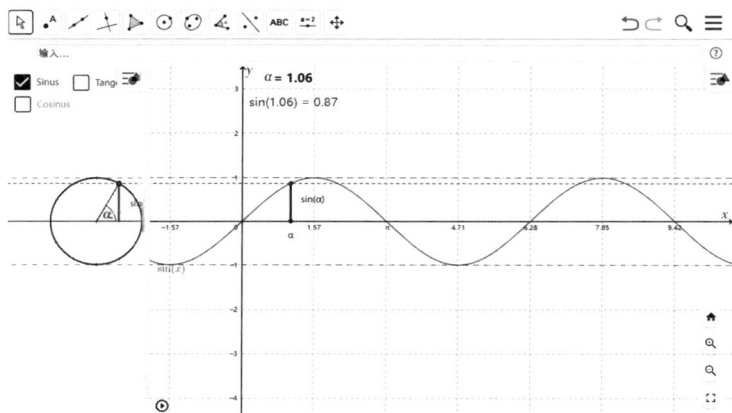

图 2-18　正弦函数的图像

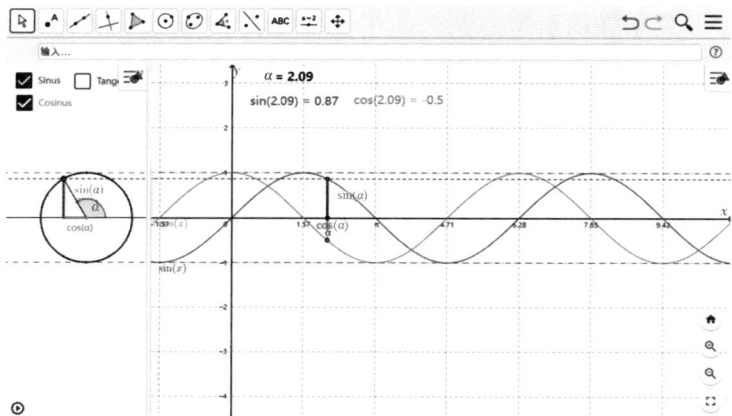

图 2-19　正弦函数、余弦函数的图像

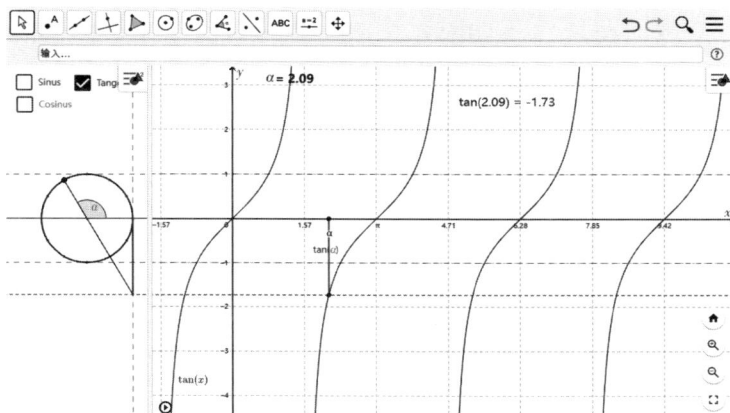

图 2 - 20　正切函数的图像

　　值得一提的是，"GeoGebra" 软件的资源库中便有三角函数图像的生成过程，可直接导入使用，也可结合实际需要进行修改，为课堂教学提供了便利。

　　解析几何是数学发展过程中的一个标志性成果，内容为在平面直角坐标系中研究直线、圆、圆锥曲线等几何图形。选择适当的坐标系，借助对应关系建立它们的方程，把形的问题转化为数的问题来研究，运用代数的方法进一步认识直线、圆、圆锥曲线等几何图形的性质以及它们之间的一些位置关系，这种数与形交融、转化、相互成就的思想是数学学习的华丽篇章，也是教学过程中需要用心培养的数学思想和方法。在解析几何的教学过程中，适当地运用 "GeoGebra" 软件能够使代数与几何之间的交融更加生动、形象、可视化。

案例 3：圆与圆的位置关系

（1）教学内容分析：

　　学生在初中的几何学习中已经从 "形" 上接触过圆与圆的位置关系，高中阶段是对已学内容从 "数" 的角度进行深化和延伸，对于后面学习直线与圆锥曲线的位置关系等内容又是一个铺垫，具有承上启下的作用。通过建立平面直角坐标系，把点和坐标、曲线和方程联系起来，实现了形和数的统一。

（2）"GeoGebra" 与数学课程融合的教学思路：

　　数学学科六大核心素养中的数学抽象是数学的基本思想，数学教学的关键是培养学生将问题数学化，形成数学方法和数学思想来思考并解决问题。在学习圆与圆的位置关系时，借助 "GeoGebra" 软件展示两个圆，如图 2 - 21 所示，提出问题：这两个圆的位置关系是什么？学生直观上容易回答 "相切（外切）"。再放大展示图，如图 2 - 22 所示，明显观察到圆与圆之间有两个公共点，两圆是相交的关系。思维的碰撞让学生深刻体会到数学的严谨性，激发了学生的求知欲。而借助 "GeoGebra" 软件，可以使知识的过渡和教学的进展更加自然、流畅。

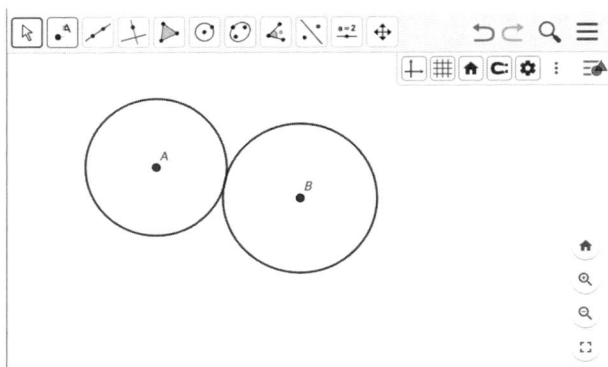

图 2 - 21　圆与圆的位置关系（初始观察图）

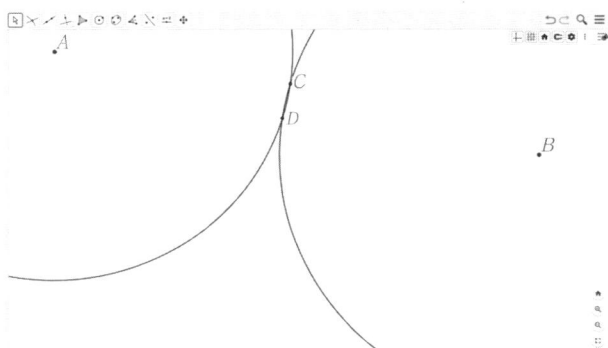

图 2 - 22　圆与圆的位置关系（放大后观察图）

2. 利用"GeoGebra"软件进行"动态化"数学教学

学习立体几何知识是培养学生直观想象、数学抽象、逻辑推理等多个数学学科核心素养的重要途径。由此可见，新课标下立体几何的地位更加突出。步入高中阶段，大多数学生受到平面几何和初中知识负迁移的影响，仍停留在平面思维阶段，难以突破、发展空间想象能力，这使得在立体几何的教学过程中，教师和学生会遇到不少挑战。运用直观的教学手段，建立几何模型，有利于帮助学生强化空间想象能力。直观感知、操作确认、推理论证，是学习立体几何有效的途径。"GeoGebra"软件的 3D 绘图功能能够比较方便地创建三维图形，制作立体几何的模型，弥补实物模型难以操作实现的空缺，如旋转体的产生过程、空间几何体的截面、外接球和内切球等问题。在"GeoGebra"软件中进行简单的操作，也可实现动态效果，让学生直观感知从二维图形到三维图形转化的动态过程，从三维空间的各个方位呈现空间几何体的特征。

在立体几何教学过程中融入"GeoGebra"软件，直观、动态的呈现能够降低立体几何的抽象维度和教学难度，帮助学生突破思维壁垒，树立学习自信心。

案例4：多面体的截面——以正方体的截面为例

（1）教学内容分析：

在实际生活中经常出现空间几何体的截面图形问题，立体几何考点经常结合实际情境，将数学问题融入生活问题，从生活中体会几何体的截面。而在教学过程中，截面问题也是难点之一，使用"GeoGebra"软件进行动态演示，将问题具体化，由静到动，教学过程不再空洞、枯燥，学生对截面的认识更加清晰，提升直观想象素养。

（2）"GeoGebra"与数学课程融合的教学思路：

"GeoGebra"软件与数学教学的融合并非一味地"呈现"，而是与思维的结合，助力探究活动。以正方体截面的问题为例，在"GeoGebra"软件的3D绘图区，三个不共线的点确定一个平面，用一个平面去截正方体，通过拖动点来改变平面，不同的平面截面明显不一样，旋转几何体，动态的呈现方便学生观察，如图2-23所示。观察截面的变化，有助于学生更加深刻地认识几何体，发展正确的空间观念，提升空间想象的能力。

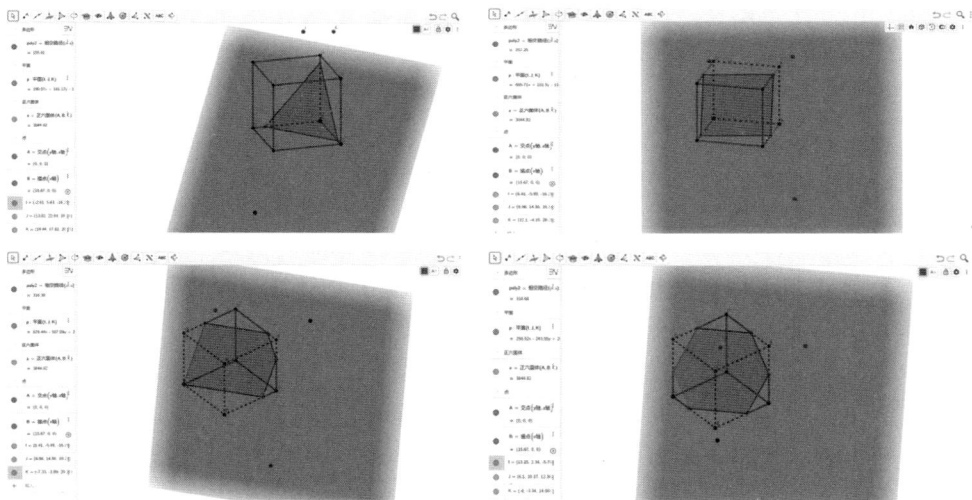

图2-23　正方体的截面图

解析几何中的重难点是圆锥曲线及其方程。在圆锥曲线的学习中，对定义的理解是首要解决的问题。利用"GeoGebra"软件进行模拟实验，动态呈现作图过程，帮助学生打牢知识"地基"，为后面进一步攻克圆锥曲线的难题作好准备。

案例5：抛物线定义

（1）教学内容分析：

普通高中教科书《数学》选择性必修第一册（人教A版）第130页的探究

提出：利用信息技术作图，F 是定点，l 是不经过点 F 的定直线，H 是直线上任意一点，过点 H 作 $MH \perp l$，线段 FH 的垂直平分线 m 交 MH 于点 M，拖动点 H，点 M 随之运动，你能发现点 M 满足的几何条件吗？它的轨迹是什么形状？

（2）"GeoGebra" 与数学课程融合的教学思路：

"GeoGebra" 软件的动态演示不仅仅是动画播放，它是可操作的，是具有参与性的。在抛物线定义的教学过程中融入 "GeoGebra" 软件，如图 2-24 所示，通过设置适当的问题情境，鼓励学生主动构建数学模型，在 "做" 中学。"GeoGebra" 软件能提供适当的条件帮助学生进行探究活动，学生通过移动点 M，发现运动轨迹为抛物线，观察并对条件进行分析，再归纳出抛物线的定义，对概念的理解更加深刻、透彻，这既优化课堂结构，也提高教学效率。

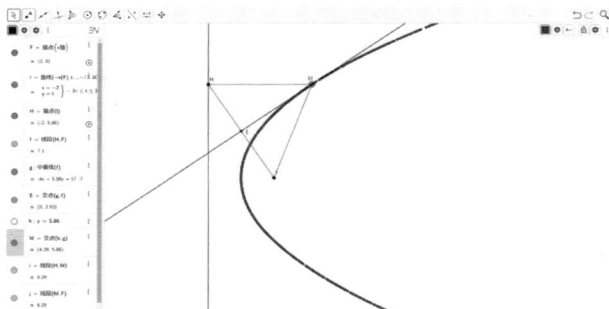

图 2-24 抛物线动态演示

3. 利用 "GeoGebra" 软件进行 "情境化" 数学教学

在数学教学过程中融入 "GeoGebra"，设计具有趣味性、探究性的教学情境，将数学文化融入教学活动中，既有利于激发学生的数学学习兴趣，又有利于开阔学生视野，从本质上提升数学学科核心素养。例如，在学习三角函数的应用时，教师可利用 "GeoGebra" 软件制作弹簧振子的模型，如图 2-25 所示；在研究柱体、锥体、台体、球体体积时，可利用 "GeoGebra" 软件演示祖暅定理；在探究基本不等式时，可利用 "GeoGebra" 软件设计情境 "赵爽弦图"。教师还可利用 "GeoGebra" 软件研究斐波那契数列的 "斐波那契螺旋"、数列求和中的 "垛积术" 以及二项分布的 "高尔顿板" 等。

图 2 - 25　弹簧振子的模型

案例6：圆锥曲线的由来

（1）教学内容分析：

椭圆、双曲线、抛物线为何统称为圆锥曲线？想要更好地掌握及运用圆锥曲线，首先要弄清楚圆锥曲线的由来。教学的过程通过创设情境，向学生展示知识的本质，让学生充分体会知识的产生、发展过程，这是数学文化、数学思想的渗透过程。

（2）"GeoGebra"与数学课程融合的教学思路：

利用"GeoGebra"软件能够直观演示用一个不垂直于圆锥的轴的平面截圆锥，所得到的不同的截口曲线就是圆锥曲线——椭圆、双曲线、抛物线，如图 2 - 26 所示。

在数学教学过程中，适当地借助信息技术，将"GeoGebra"软件与数学课程合理、巧妙地融合，可以使得原本抽象的问题直观化，帮助学生认识数学的本质，深刻感受数学的魅力。

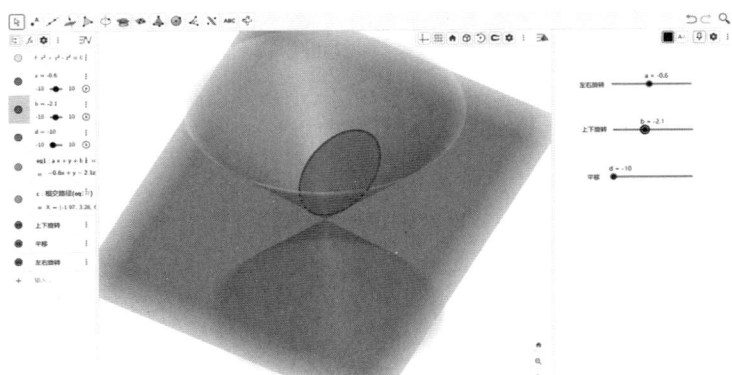

（椭圆）

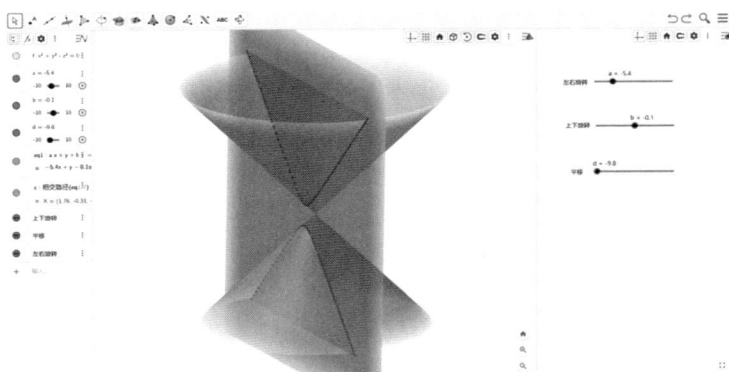

（双曲线）

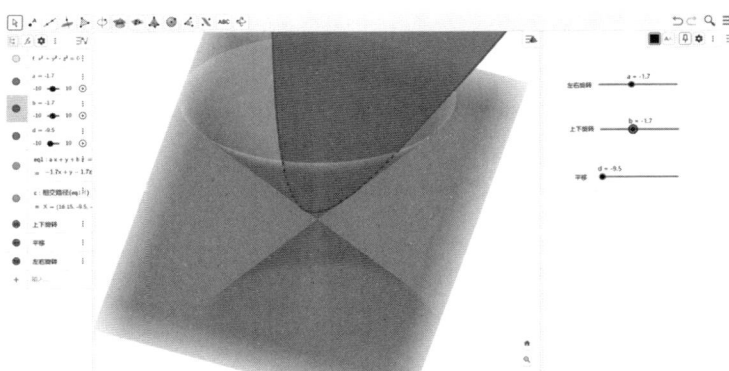

（抛物线）

图 2-26　圆锥曲线形成过程

第三章

英语学科工具

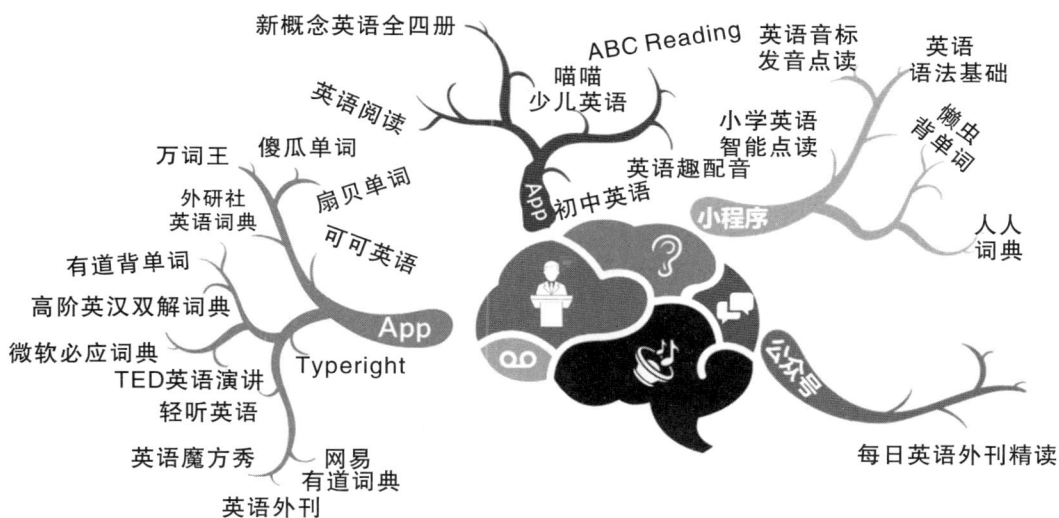

新概念英语全四册

ABC Reading

英语音标
发音点读

英语
语法基础

英语阅读

喵喵
少儿英语

万词王 傻瓜单词

小学英语
智能点读

懒虫
背单词

外研社
英语词典

扇贝单词

英语趣配音

有道背单词

可可英语

App 初中英语

小程序

人人
词典

高阶英汉双解词典

微软必应词典

App

TED英语演讲

Typeright

轻听英语

公众号

英语魔方秀

网易
有道词典

英语外刊

每日英语外刊精读

一、 学科基本情况

英语课堂是提高学生英语学习兴趣的重要阵地，也是提高英语教学质量的关键所在。随着教学改革的推进，英语课堂教学效果也在稳步提高，但是依旧存在一些问题，影响教学成效。

小学阶段是学生英语学习的关键时期，由于适龄儿童在正式上学前接受的学前教育参差不齐，学生在一年级的英语水平呈现出不同的起点，而课堂教学强调的是"齐步走"，因比不免有少数学生因跟不上教学节奏而"掉队"，导致影响学生英语学科学习的可持续性。同时，该阶段是学生英语学习打基础的重要阶段，课内、课外都需要保证足够多的英语学习时间。当前，课内的学习时间得到满足，而课外的学习时间无法保障。为了延展英语学习的可持续性，以及保障课外学习时间，需要通过一定的手段和课外学习工具加以辅助，例如，家长监督学习，家校合作引导学生使用学习辅助工具（如音标学习、拼读练习）。

中学阶段学生英语水平得到了进一步的发展，课程大纲对中学生的听、说、读、写等方面提出了更高的要求，课程中的词汇量、阅读量也进一步提升，对中学生来说是更大的挑战。传统死记硬背的方法收效甚微，如不改变，学生就会在心理上产生害怕、厌恶甚至抵触情绪，违背英语学科素养培养精神。所以，教师需要丰富课堂形式，采取灵活多样的教学方法。与此同时，中学生也具备一定的自主学习能力，课外结合使用如"可可英语""有道背单词""傻瓜单词"等 App 辅助学习单词记忆技巧；使用"英语外刊""TED 英语演讲"等 App 拓展英语阅读量，提高阅读能力；使用"英语魔方秀""英语趣配音"等 App 激发英语学习兴趣。

二、 学科工具

（一） 精品应用

可可英语	工具类型：App 工具简介： 是一款英语学习软件，可满足单词背诵、听说能力提升等多方面的需要	扇贝单词	工具类型：App 工具简介： 是一款英语学习软件，学习单词免费无上限，拥有海量辞书，提供多种训练模式

英语 背单词 傻瓜单词	工具类型：App 工具简介： 英语单词速记，画面简洁，传授方法，傻瓜式英语口语、背单词	万词王	工具类型：App 工具简介： 基于剑桥 MFU 语音学习理论，推出真人实景背单词，实景拍摄，提供真实语境
有道 背单词	工具类型：App 工具简介： 利用独家 Breaki 单词记忆法，帮助学习者根据实际情况制订背单词计划	微软 必应词典	工具类型：App 工具简介： 微软旗下新一代英语学习服务，拥有权威丰富的词库和机器搜索引擎
轻听英语	工具类型：App 工具简介： 是一款英语听力软件，适合学生党、英语爱好者学习和练习英语听力	英语 魔方秀	工具类型：App 工具简介： 包含海量的电影视频，通过看电影学习英语，激发英语学习乐趣
有道 网易 有道词典	工具类型：App 工具简介： 英语翻译引擎，支持拍照、语言、对话、在线、离线翻译等多种方式	Typeright	工具类型：App 工具简介： 是一款语法纠正软件，纠正日常使用英语时的语法错误、拼写错误和标点错误

外研社 英语词典	工具类型：App 工具简介： 外研社权威的英语词典，具有便携、稳定、发音清晰的查词功能	高阶英汉 双解词典	工具类型：App 工具简介： 权威英语学习词典，品味原汁原味的英语，注重语言实用技能，准确理解词义
初中英语	工具类型：App 工具简介： 是一款趣味又高效的英语听力口语学习软件，涵盖初中所有的配套课文和单词	英语外刊	工具类型：App 工具简介： 英语阅读、听书的学习应用平台，提供全球畅销精选美文阅读，内容涵盖各个领域
新概念 英语全四册	工具类型：App 工具简介： 英语学习教材配套软件，拥有完善的英语学习体系，帮助提升听说读写能力	英语阅读	工具类型：App 工具简介： 涵盖多种分类文章，有助于扩充词汇量，提高英语阅读水平
TED 英语演讲	工具类型：App 工具简介： 提供英语演讲热点精选，适合在轻松、闲暇的氛围下细细品味其中纯正的英语	喵喵 少儿英语	工具类型：App 工具简介： 专注于儿童英语启蒙，寓教于乐，以趣味、益智的游戏为基础
英语 趣配音	工具类型：App 工具简介： 是一款英语口语学习软件，提供海量视频学习和配音，拓宽视野，提升口语表达能力	ABC Reading	工具类型：App 工具简介： 是一款儿童英语启蒙软件，将英语学习融入儿童绘本故事，让有趣的英语学习陪伴孩子，提供儿童英语学习情境

	工具类型：小程序 工具简介： 小学英语课本智能读，与教材完全同步，是能轻松使用的小学英语点读小程序		工具类型：小程序 工具简介： 英语音标发音表，有 48 个国际音标发音，点读学习
小学英语 智能点读		英语音标 发音点读	
	工具类型：小程序 工具简介： 适合英语语法基础入门，含大量的语法练习和语法精细讲解		工具类型：小程序 工具简介： 是一款背单词小程序，智能推动每日任务，让学习者高效记忆单词
英语 语法基础		懒虫 背单词	
	工具类型：小程序 工具简介： 是一款英语翻译小程序，提供英语单词翻译服务，且图文并茂		工具类型：公众号 工具简介： 每日定时推送英语外刊，通过看外刊、听外刊提高学习者英语水平
人人词典		每日英语 外刊精读	

（二）小学工具推荐

喵喵少儿英语

（1）工具概述。

喵喵少儿英语是一款专注于儿童英语启蒙的 App。在设计上，喵喵少儿英语以丰富、有趣的游戏为基础，将幼儿英语基础知识融入游戏，从听、说、读三个方面充分调动幼儿的感官，为幼儿英语学习打下语言基础。同时，设置了恰当的奖励机制，寓教于乐，激发幼儿的学习兴趣，培养幼儿的英语表达能力。

（2）喵喵少儿英语的使用方法。

①打开手机应用市场，输入关键词"喵喵少儿英语"，可免费下载这款英语学习应用软件。

②打开"喵喵少儿英语"应用程序，在主页面，我们伴随"喵喵少儿，快乐学习"提示，进入主页面，如图 3 - 1 所示。

图 3 - 1　"喵喵少儿英语"主页面

③"喵喵少儿英语"包含 200 个主题，涉及水果、颜色、动物等多个方面，每个主题涵盖"Learn""Play""Practice"三个部分，如图 3 - 2 所示。

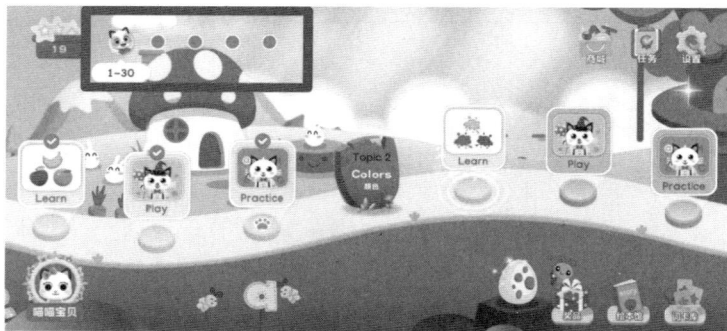

图 3 - 2　"喵喵少儿英语"学习主题页面

④进入水果专题"Learn"，包含四种学习方式"preview""picture""word""speak"，选择"preview"，如图 3 - 3 所示。

图 3 - 3　在"Learn"页面选择"preview"

⑤"preview"：点击相应的水果（摘苹果、抓香蕉、搜橙子），并根据语音进行跟读学习，完成预习，如图 3 -4 所示。

图 3 -4　"preview"页面（摘苹果、抓香蕉、搜橙子）

⑥"picture"：根据图片提示，将对应的水果放进喵喵加油站，跟读三次，并根据单词提示，选择对应的水果图片，完成学习，如图 3 -5 所示。

图 3 -5　"picture"页面（选择水果图片）

⑦"word"：辨别单词，根据单词提示，将打乱顺序的单词拖曳到对应的图片下方，并进行拼读，如图 3 -6 所示。

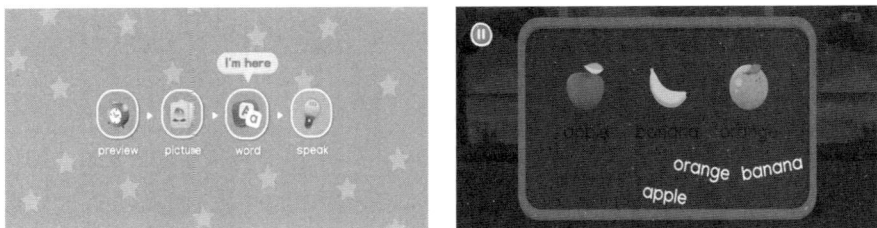

图 3 - 6   "word" 页面辨别单词

⑧ "speak"：单击麦克风图标，跟随语音大声朗读对应的单词，朗读后根据录音选取正确的读音，如图 3 - 7 所示。

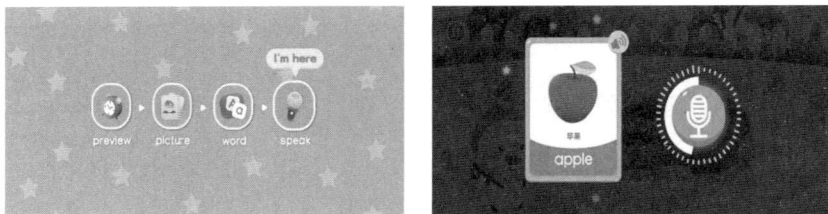

图 3 - 7   "speak" 页面（朗读单词）

⑨进入水果专题 "Play"，单击屏幕或者 "↑" 水果来躲避障碍物，如图 3 - 8 所示。

图 3 - 8   "Play" 页面水果酷跑游戏

⑩进入水果专题 "Practice"，根据语音和单词提示选择对应的水果向上攀爬，如果遗忘，水果上会出现手势进行提示，最终完成学习，获取王冠，如图 3 - 9 所示。

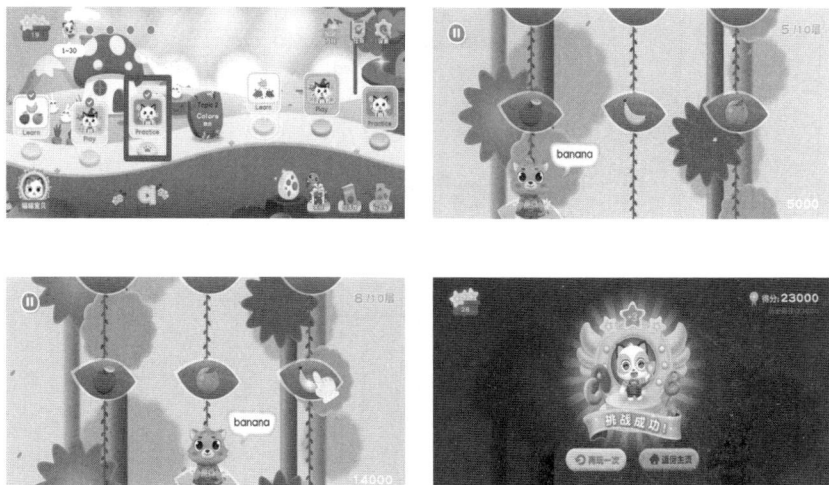

图 3-9 "Practice"页面水果攀爬游戏

（三） 中学工具推荐

初中英语

（1）工具概述。

初中英语是一款教材辅助 App，适合广大的英语学习者学习、教师教学辅助和教研。初中英语涵盖了全国教材所有的配套课文以及单词。功能上，它将枯燥的课本内容以动画视频的形式进行呈现，并对学习进度、学习效果进行跟踪与测评，建立有效的互动机制，让学习者打好英语基础，掌握地道的英语标准发音。此外，初中英语嵌入主流的"配音秀学习""外文专题"，进一步提高了英语学习的趣味性和拓展性。

（2）初中英语的使用方法。

①打开手机应用市场，输入关键词"初中英语"，可免费下载这款应用软件。

②打开"初中英语"应用程序，进入主页面，标题显示的是年级，右上角可选择教材版本，中间是课程内容，下面是导航栏，如图 3-10 所示。

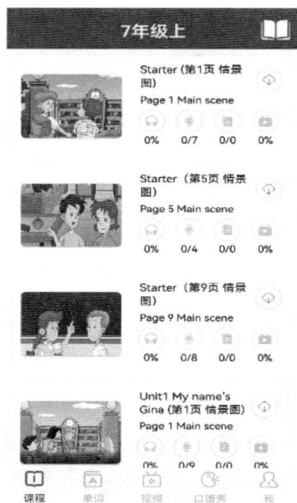

图 3 – 10 　"初中英语"主页面

③课程：轻触右上角的 图标，选择当前学习的教材版本，App 提供了各个教材版本的插图，方便教师、家长和学生快速找到相应的版本，并且附带了各个教材版本的使用地区，如图 3 – 11 所示。

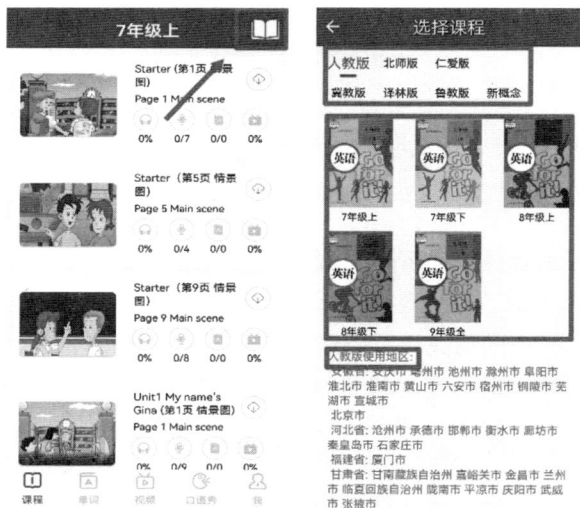

图 3 – 11 　"课程"页面（选择教材版本）

确认教材版本后开始学习，每个 Starter 后包含听、说、认、看四个部分。轻触 图标进入听的部分，听的部分播放原文，如图 3 – 12 所示。

图 3 – 12 "课程"页面（播放原文）

返回，轻触 图标进入说的部分，根据播放课文的原音进行跟读，录入成绩后查看成绩，跟其他小伙伴比一比，如图 3 – 13 所示。

图 3 – 13 "课程"页面（跟读原文）

返回，轻触 图标进入认的部分，这部分也可以通过主页面导航栏"单词"进入，显示教材各个单元的单词及其数量、学习进度，如图 3 – 14 所示。

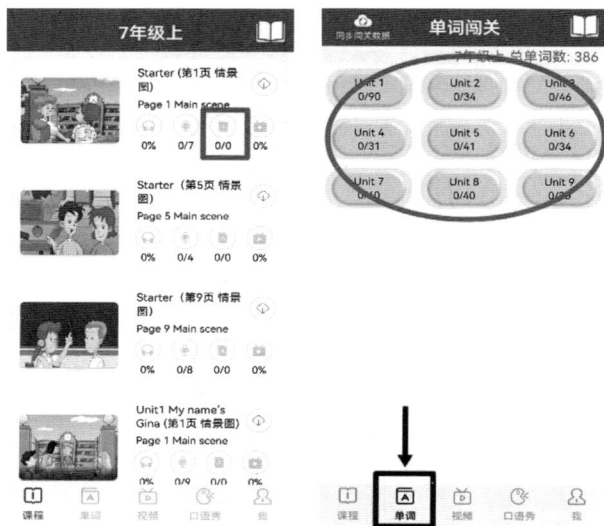

图 3 – 14   "课程"页面（学习单词）

返回，轻触 图标进入看的部分，这部分包括"课程目录""课程简介""评论"，对教材的内容和结构进行全方位的了解，如图 3 – 15 所示。

图 3 – 15   "课程"页面（了解教材）

④视频：视频界面每日更新大量的专题文章，涉及影视、音乐、中国、世界、政治、商业、科技、校园、体育、旅行、人文、学习各个方面的知识、新

闻、时事和趣事，开阔学生的视野，增加英语学习的趣味性。

⑤口语秀：口语秀界面提供课文情景图，轻触界面 🎤 图标后，先观看情景视频。熟练掌握后，轻触"开始配音"，根据情景进行配音。配音完成，轻触右边的省略号，可进行分享、下载、导出 PDF、更新原文及保存视频到相册，如图 3 - 16 所示。

图 3 - 16　"口语秀"页面（情景配音）

轻听英语

（1）工具概述。

轻听英语是一款面向广大英语爱好者的 App，适合有着不同英语学习需求的学生以及实用派。该 App 功能全面，适合不同层次的人群，包含全面的学习资料（如中高考、四六级、考研、托福雅思等资料），满足多样化的需求，提升学习者听力、口语、阅读、写作和翻译等多方面的能力，习题讲解、新闻资讯、影视原声助力听、说、读、写、译全面提升。

（2）轻听英语的使用方法。

①打开手机应用市场，输入关键词"轻听英语"，可免费下载这款应用软件。

②打开"轻听英语"应用程序，进入主页面，上面是各类可供选择的英语学习层次以及学习方式，中间是各类学习方式索引，下面是导航栏，如图 3 - 17 所示。

图 3 – 17 "轻听英语"主页面

③根据学习需求，选择"高中"英语学习层次，进入"分类"。教师根据教学需要，可选择"初中"或者"高中"，并选择相应的专题进行备课。学生根据自身情况，选择相应的专题进行学习，如图 3 – 18 所示。

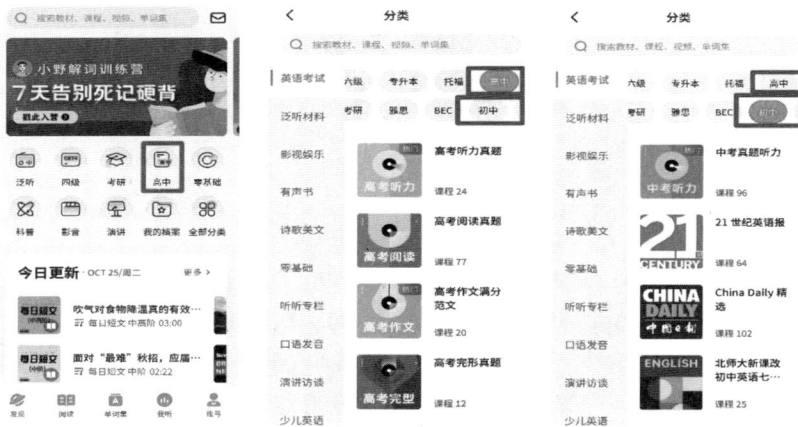

图 3 – 18 "高中"（进入"分类"）

④返回主界面，向下滑动，依次出现各类学习方式，包括今日更新、本周热门推荐、语法、词汇、高分英剧、经典电影原声等多个模块，满足教师各类资源的获取和学生学习的需求，如图 3 – 19 所示。

图 3 - 19　各类学习方式

⑤选择底部导航栏"阅读",选择"初中"或"高中",里面包含国外丰富的名著经典,适合初、高中不同年龄阶段的学习者拓展知识面,如图 3 - 20所示。

图 3 - 20　导航栏"阅读"页面

进入后,根据自身所处年级,选择适合自己阶段的读物,如图 3 - 21 所示。

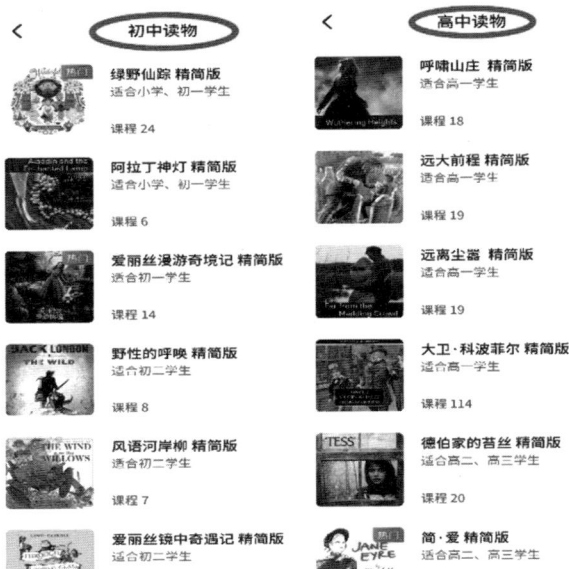

图 3-21　初、高中读物推荐

⑥返回导航栏，选择底部导航栏"单词集"，选择"初中"或"高中"，里面归纳整理了初、高中配套教材所涉及的单词，如图 3-22 所示。

图 3-22　导航栏"单词集"页面

进入后，选择当前学期的教材版本，找到对应的单元，最后选择播放模式

（包括基础模式、进阶模式、听写模式）进行单词学习，如图 3 – 23 所示。

图 3 – 23 单词学习

⑦选择底部导航栏"我听"，该部分收录了学习过程中的知识点，包括学习时记录的生词、句子和笔记，也可收藏精彩的文章，方便回顾，如图 3 – 24 所示。

图 3 – 24 导航栏"我听"页面

三、 教学研究

"微软小英"，让技校英语"说"出精彩①

微软小英是微软亚洲研究院发布的一款英语口语学习软件（见图 3 – 25），根植于手机微信的公众号平台，将英语学习与语音知识、口语测评、自然语言处理、语音合成等人工智能技术相结合，囊括口语、听力、单词、作文打分和中英文翻译等多个项目。

图 3 – 25 "微软小英"软件图标

"微软小英"面向各个年级、不同英语水平的学生，既能帮助低年级的英语初学者快速提高日常英语沟通能力，也能帮助高年级的英语学习者在课后提升口语。学生关注公众号后打开主界面，会看到"每日一练""窗口聊天""抢鲜体验"等菜单栏，如图 3 – 26 所示。

学生通过公众号平台自主学习，可以实现以下练习应用：

一是该公众号为用户提供大量的"情景模拟"课程，分为人物特征、休闲娱乐、日常生活等多种类型，每个课程都根据难度设置了多个对话场景。进入课程后，先进行学习预热代入场景，然后根据问题和提示与小英进行模拟对话。每进行一次对话，小英都会借助语音识别、口语测评技术等对学生的口语发音、词汇和语法等进行即时打分，如图 3 – 27 所示。

---

① 本文为广东省粤东技师学院袁妍所作。

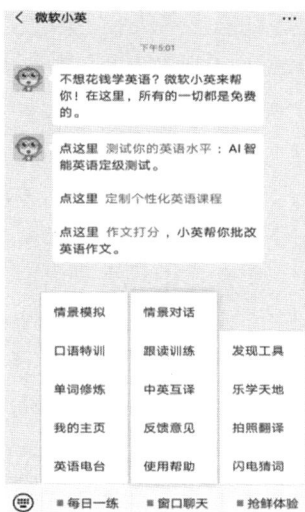

图 3-26　"微软小英"公众号主页面　　图 3-27　"情景模拟"实战图

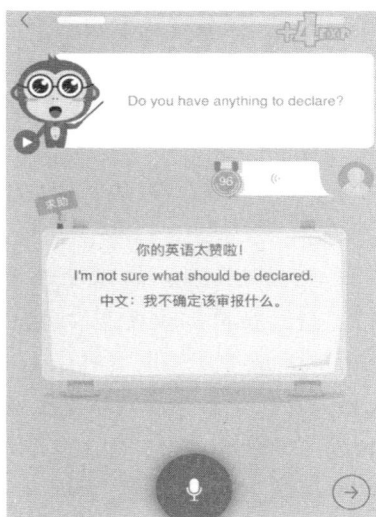

　　二是该公众号为用户提供大量的"口语特训"课程，分为人际交往、职场办公、发音特训等类型，学生模仿小英的语音语调跟读，以训练口语表达能力。每完成一次跟读，小英会借助语音识别、口语测评技术等对学生的口语发音、词汇和语法等进行即时打分，并标出发音不标准的词语，如图 3-28 所示。

　　三是"窗口聊天"菜单栏实现了公众号的互动聊天功能，与"每日一练"的功能相对应。人工智能技术使得小英变身"陪聊小伙伴"，为学生提供智能对话服务。它随叫随到，可以和学生对答如流，让人觉得学习充满乐趣，如图 3-29 所示。

图 3-28　"口语特训"实战图　　图 3-29　"窗口聊天"对话图

　　"微软小英"软件在教学实践中应该如何恰当地使用呢？我以全国技工院校公共课教材《新模式英语 1》第六单元"Health and Fitness"（"健康与保健"）第三课"What should I do"（"康复建议篇"）为例，通过实际课堂教学案例，探讨这款软件在教学过程中的实际应用。

　　首先，"微软小英"是课堂讨论的辅助手段。第六单元是围绕健康与保健主题而展开的。在本单元教学中，教师可选取软件中与单元主题适配的内容为课堂教学带来更生动的气氛。在课堂教学过程中，教师引导学生点击"微软小英"主页面的"情景模拟"板块进入就诊（Clinic）主题，其中包含预约看病（Making an appointment）、发烧（Having a fever）、头痛（Headache）和身体不适（Feeling unwell）等九个看病分支主题。学生可根据这些看病主题提供的话题展开有关健康与保健的讨论，这不仅能激发学生的兴趣，而且能让学生更深入地参与本单元的深度学习。

　　其次，"微软小英"是课堂答疑解惑的好帮手。在本单元的学习中，有小部分的疾病和药品词汇少见且拼读复杂，给单词拼读增加不少阻力。比如新冠病毒（corona-virus）、失眠（insomnia）和阿司匹林（aspirin）、针灸（acupuncture）等单词，在学习过程中对学生的发音挑战较大。遇到这类问题时，学生可在主页面的"每日一练"板块的"单词修炼"中强化单词的听读。在"情景模拟"板块中，"微软小英"会就"看病"主题对学生进行对话提问，学生需要听完问题后，根据单词提示进行回答。此外，"微软小英"具有一定的语义理解能力，可以理解学生的问题并给予相应的答案或解释，帮助学生解决困惑。

　　再次，"微软小英"是学习资源的推送官。"微软小英"可以根据学生的学习需求，推送相关的学习资源，如文章、视频、图片等，帮助学生更好地理解健康与保健知识，拓宽学习视野。在第六单元"健康与保健"主题学习过程中，"微软小英"提供了九个主题的学习，内容不仅包含头痛（Headache）、发烧（Having a fever）等主题，还包含失眠（Insomnia）和药店买药（Buying medicine）等主题，拓宽了学习的广度，增强了学生的学习体验。

　　最后，"微软小英"还是提高英语口语表达的有效帮手。"微软小英"可以设计口语练习任务，学生通过与其进行对话来提高口语表达能力。在课前预习阶段，教师布置学习任务，要求学生完成"情景模拟"和"口语特训"板块的九个分支主题的对话交流和跟读训练，学生不仅可以练习口语表达，还能在语法、词汇等方面得到及时的指导和纠正。"微软小英"还会为学生的回答进行即时打分，打分会点燃学生的学习斗志，在语音语调和句子表达上全方面提升学生的口语表达能力。在课后拓展阶段，教师利用"微软小英"的"窗口聊天"功能，布置"每天和'微软小英'微信语音聊天 15 分钟"的每日作业打卡任务，学生可就本学习主题与"微软小英"聊天，也可跟读"微软小英"朗读的句子。通过多管齐下的方式，学生的口语表达能力提升效果明显。

在上述教学实践中，我们将"微软小英"这一人工智能软件成功融入技校英语课堂教学，从而显著提升学习成效，实现了以下教学目标：

（1）拓宽思维领域，激发学生学习热情。"微软小英"软件通过智能对话与互动方式，激发学生对英语学习的热情，使学习过程更具生动性与趣味性；实时评分机制激发学生竞争意识，促使他们更加关注单词发音和句子语音语调，仔细地回答或跟读，以期获得优异成绩。

（2）优化口头表达能力，促使学生口齿伶俐。通过与"微软小英"进行精细化主题对话，学生在持续的口头输出过程中，可提升口语流利度和精确度。除了针对性的主题对话，学生还可以与"微软小英"进行自由对话，锻炼口语表达的灵活性和自然度。此外，"微软小英"还提供了丰富的语音反馈，帮助学生及时纠正发音和语调问题，进一步提高口语水平。通过持续的口语训练，学生可以逐渐克服口语表达的障碍，提高自信心，更好地与人交流沟通，为未来的学习和工作奠定良好的基础。

（3）提升听力水平，锻炼学生听力能力。"微软小英"能够模拟实际对话环境，通过与学生进行语音互动，有效助力学生听力理解能力的提升，特别是在应对语速和语调等方面，表现出了显著的改善效果。

（4）强化语法与词汇训练，全面提升语言运用能力。"微软小英"针对学生语法与词汇方面的困扰提供即时解答与辅导，帮助他们深入理解语法规则及词汇用法在实际对话中运用所学知识，从而收获语言应用能力提高带来的成就感。

（5）一对一教学模式能够满足个性化学习需求。鉴于技校生英语水平存在较大差异，"微软小英"能够根据学生学习进度、兴趣爱好及实际水平，为其提供量身定制的学习资源和建议，从而使他们能够更加精准地进行英语学习，提升学习成效。

"微软小英"在英语课后拓展学习中展现出极为显著的成果，同时，它也是助力学生自主学习的高效工具。在课余时间，学生仅需通过手机关注"微软小英"公众号，便可随时随地展开英语学习。此外，学生还可点击"微软小英"的微信聊天窗口，实现与人工智能助手的实时互动，操作简便，趣味盎然，使英语学习过程变得轻松自如。因此，"微软小英"无疑是理想的英语学习途径，更是极具人性化的英语学习软件。

融合英语学习软件，助力高效教学①

　　"互联网＋"时代下，英语学习软件逐步融入高中英语词汇、语法、阅读和写作教学等模块，成为备受英语教师青睐的信息化教学工具，有利于学生课后自主学习，促进课内外教学衔接，从而提高高中英语教学质量。高中英语教师可以利用"轻听英语"App 开展词汇教学，引导学生学习单元词汇和高考英语热门词汇，丰富他们的英语单词储备；利用"高中云英语"小程序开展阅读教学，导入教材配套课文、课外笑话，提高学生英语阅读能力；运用"英语魔方秀"App 开展视听说教学，导入英语原声电影，让学生以看电影的方式练习英语听力、口语，促进他们核心素养发展。

　　随着大数据、人工智能技术的飞速发展，高中英语教学工具越来越智能化、信息化、多样化，各类英语学习软件成为英语课堂"新宠儿"，便于学生在手机、平板等移动终端上练习英语听力、口语，智能化检测学生英语词汇默写、阅读和写作等学习课程，提高英语学习趣味性，从而激发学生自主学习积极性。高中英语教师要转变教学思维，灵活选择教学工具，利用智能化英语学习软件开展词汇、语法、阅读、写作等教学，创新英语教学方法，便于学生课后利用英语学习软件进行自主学习，进一步拓展英语教学空间，从而提高英语教学质量。

　　1. 运用"轻听英语"App，创新英语词汇教学

　　"合抱之木，生于毫末；九层之台，起于累土；千里之行，始于足下。"世界上任何一门语言都是由众多词汇组成的，没有词汇的积累，难以谈及语言的学习。在我们的英语教学中，词汇教学是最基本的，学生词汇量的多少直接影响语言学习的成效。

　　高中英语教师要巧妙运用智能化教学工具，根据词汇教学需求挑选英语学习软件，创新词汇讲解、单词默写和造句等教学方式，强化学生对新单词的记忆，进一步提高他们背单词的效率。教师可以利用"轻听英语"App 开展词汇教学，引导学生下载这一 App，让他们体验词汇基础模式、进阶模式、听写模式，帮助他们尽快掌握单元词汇。例如教师在讲解"Teenage Life"这一单元时，可以引导学生在"轻听英语"App 主界面选中"单词集"，在下级菜单中找到对应版本教材、对应单元，在 App 上学习本单元单词，加深他们对单词拼写、词义、固定短语等知识点的记忆，如图 3 - 23 所示。同时，教师可以让学生从基础模式词汇训练入手，例如 teenage、teenager、ballet、volunteer、debate、prefer、content、movement、challenge 和 suitable 等单元重点词汇，让学生根据视频记忆单词和词义，快速背诵单词；再开始进阶模式，让他们结合例句、例句译文来深度学习单

① 本文为揭阳市揭东区蓝田中学王婉冰所作。

词，帮助他们掌握单词相关语法知识。最后，教师可以利用"轻听英语"App 开展词汇听写，让学生根据视频写出指定单词，并由软件自动判断听写正确与否，帮助学生掌握本单元词汇，提高词汇教学质量。

2. 应用"高中云英语"公众号，优化阅读教学模式

随着智能手机普及，微信公众号为高中英语教师提供了更多教学工具，也为学生提供了更加便捷的线上英语学习渠道，有利于丰富他们的英语知识储备，促进他们英语核心素养发展。

教师在讲解"The Internet"这一单元时，可以引导学生在微信上搜索"高中云英语"公众号，让他们进入公众号后浏览"听说看""读写练""教学研"三个导航栏内容，促进课内外知识点的衔接。首先，教师可以引导学生浏览"教学研"模块内容，让他们找到对应单元，在线上复习本单元知识点，创新阅读教学模式。学生可以参照公众号上本单元"Stronger together：How we have been changed by the Internet"课文译文梳理知识点，在主题语境中学习关键词汇、语法知识点。例如学生可以参照译文了解互联网对我们社交、学习方式的影响，掌握现在完成时的被动语态的用法，这一语态强调过去的动作对现在造成的影响或结果，通常与 already、yet、just、never、recently 等副词连用。其次，教师引导学生浏览"高中阅读"模块，让他们线上阅读英语笑话，根据图片翻译英语笑话，再对照自己和公众号上的翻译，帮他们学习笑话中标记的课标词和非课标词，提高他们的英语阅读能力，如图 3－30 所示。

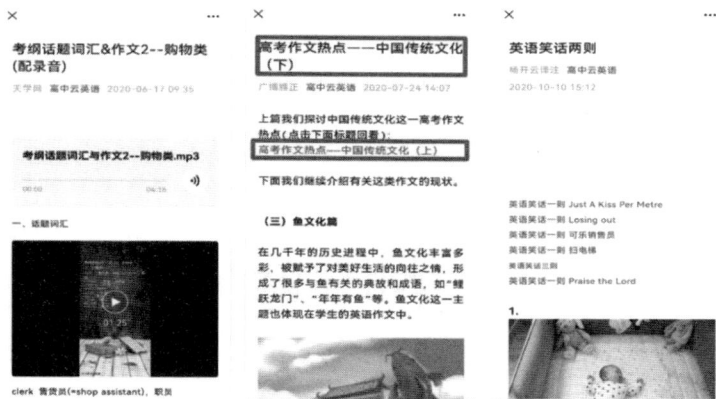

图 3－30 "高中云英语"小程序"高中阅读"模块

3. 运用"英语魔方秀"App 开展视听说教学，提高英语教学质量

高中英语教师可以利用"英语魔方秀"App 开展教学，创设趣味视听说教学情境，导入学生喜爱的英语电影片段，激发他们自主学习积极性，如图 3－31所示。

图 3 - 31 "英语魔方秀" App 界面

第一，教师可以引导学生浏览"看电影学英语"模块，让他们挑选自己喜欢的英语电影片段，放慢视频播放速度，欣赏原汁原味的语音，还可以让他们点击字幕单词，线上查看单词释义，这既可以丰富他们的词汇储备，又可以提高他们的英语翻译能力。

第二，教师可以引导学生浏览"配音演大片"模块，让他们挑选自己喜欢的英语电影，鼓励他们跟读模仿，为每一句对白配音，最后生成一段独一无二的英语电影配音视频片段，提高他们的英语口语，帮助他们走出"哑巴"英语学习怪圈，进一步提高学生英语口语，同时提高英语教学质量。

语言学习是体验的过程，是获得满足和寻求意义的过程，是主动探索、建构和表达意义的过程。高中英语教师要树立"互联网＋"的教学理念，根据教学内容、学生英语水平灵活挑选英语学科工具，利用"轻听英语"App 开展词汇教学，提高词汇教学趣味性，激发学生背单词积极性；利用"高中云英语"公众号开展阅读教学，并引导学生开展课外阅读，丰富阅读教学内容，提高阅读教学质量；利用"英语魔方秀"App 开展视听说教学，把英语听力、口语、阅读和翻译教学融为一体，激发学生的英语学习兴趣，提高他们的英语学习能力，实现高中英语教与学的双赢。

第四章

物理学科工具

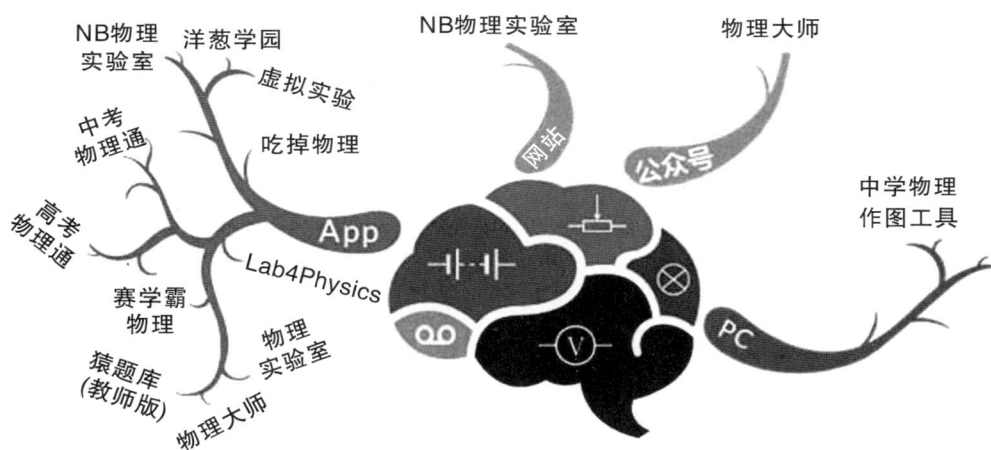

NB物理实验室

洋葱学园

虚拟实验

吃掉物理

NB物理实验室

物理大师

网站

公众号

中考物理通

高考物理通

App

中学物理作图工具

Lab4Physics

赛学霸物理

物理实验室

猿题库(教师版)

物理大师

PC

一、 学科基本情况

随着信息技术在教育领域中的广泛应用，利用学科工具能促进中学物理教学方式的变革。在中学物理教学中，有相当一部分的实验是不可能使用实物来演示的，例如光学的部分现象；也有一部分实验的实物演示受到各种外界因素的制约，演示效果大打折扣，例如重力的部分知识。但对于中学生来讲，他们的理解能力、想象能力、发现能力还都处于一个发展中的水平，因此他们需要的是通过感性的认识去掌握、理解抽象的学科知识，在这种情况下，"NB 物理实验室"这种可视化的学科工具就发挥了作用。当前，有相当一部分的教师选择使用学科工具来做实验演示，从而辅助并优化课堂教学，其中不乏有实践意义的优秀案例。学科工具在中学物理教学中的使用，并不止步于解决部分实验教学的难题，更是在信息化与物理学科教学的深度融合中发挥着不可忽视的重要作用。大力发展学科工具，能实现信息技术与教育的深度、全方面的融合。

二、 学科工具

（一） 精品应用

吃掉物理	工具类型：App 工具简介： 是一款帮助孩子学习物理知识，并在手机上进行物理实验操作的软件。	虚拟实验	工具类型：App 工具简介： 是一款配套物理教材制作而成的模拟实验软件，有一双虚拟手操作实验，可以选择单人练习，也可以选择双人练习
洋葱学园	工具类型：App 工具简介： 是一款多学科教学应用软件，拥有初中物理轻松学、精选题练习、智能诊断三个板块，非常适合用于教学，其微课视频轻松幽默，很受学生喜欢	NB 物理实验室	工具类型：App/网站 网址：https：//wl. nobook. com/console/templates/re-source 工具简介： 是一款虚拟物理实验室仿真软件，通过虚拟仿真、3D 效果、自由交互等方式，呈现出初高中阶段近200 个经典实验，还可 DIY物理实验

中考 物理通	工具类型：App 工具简介： 是一款物理资源软件，为广大初中生打造的辅导应用，包含丰富的物理真题和试卷，方便学生学习物理知识	高考 物理通	工具类型：App 工具简介： 是一款物理资源软件，包含高考科目下的所有考试真题和大量复习资料，便于学生学习知识
赛学霸 物理	工具类型：App 工具简介： 将物理知识提纲化，每一个知识点都有配套的互动性课件。用最直观的图片、案例、动画为学生解读难懂的知识点，并在学习完每一个知识点之后，设置相对应的练习题，及时检测学生的学习效果	猿题库 （教师版）	工具类型：App 工具简介： 是一款用手机为学生布置作业的软件，手机留作业，系统来批改，评估更智能
物理 实验室	工具类型：App 工具简介： 是一款可以进行物理实验的软件，可在快速更新的应用中体验高精度电学、电磁学和天体力学实验，提高学生学习成绩并提升学习兴趣	Lab4Physics	工具类型：App 工具简介： 是一款非常适合物理课堂教学的软件，它可以用来测量一些物理量，例如速度和加速度。该软件还可以根据测量结果，自动生成图表并进行分析
中学物理 作图工具	工具类型：PC 工具简介： 是中学物理教师作图的好帮手，能方便地作出中学物理中难以画出的图形，比如正弦波形、弹簧秤、变压器等	物理大师	工具类型：公众号/App 工具简介： 包含大片式的课程、名师学霸交流、各种解题方法。每天 3 分钟，能有效提高学生初中物理、高中物理成绩

（二） 中学工具推荐

NB 物理实验室

（1）工具概述。

NB 物理实验室是一款专为初高中物理教师打造的物理实验操作与演示工具，包含两百多个经典实验，涉及声、光、热、力、电五个部分，内含上万种实验资源组合、互动课件、3D 模型、学案等，支持多种场景教学，教师可以随意 DIY 自己想要的实验用于备授课、讲评练、预复习。即使没有任何的操作经验，但只要懂实验原理，都能将任何实验素材轻松 DIY 成所需要的样子。实验器材、实验条件、实验显示设置等都可以随意调整，100% 还原真实实验，实验过程还可以录屏、分享，一次实验只需要 1 分钟左右就可以轻松完成，模拟仿真实验效果逼真，从实验器材到实验过程，完全能够让学生真实地体验到物理实验的乐趣。

（2）NB 物理实验室的使用方法。

①打开电脑网页，输入关键字"NB 物理实验室"，可免费下载这款软件。

②打开"NB 物理实验室"应用程序，进入主页面；点击右上角进行用户登录/注册，如图 4 - 1 所示。

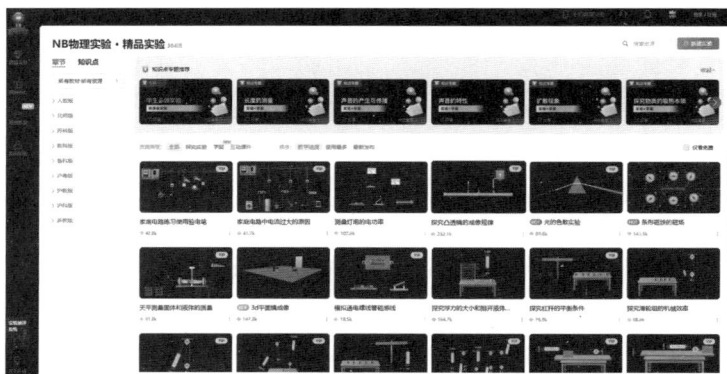

图 4 - 1 "NB 物理实验室"主页面

③进入主界面后，根据自己的教学需要进行实验操作/练习，可以选择教材版本、学段、章节/知识点来进行对应的操作/练习（软件支持新课标内容，全面覆盖多个教材版本），如图4-2所示。

图4-2 支持多版本教材内容

选择好教材版本，便可以进行对应的实验操作/练习，点击即可进入操作/练习界面，如图4-3、图4-4所示。

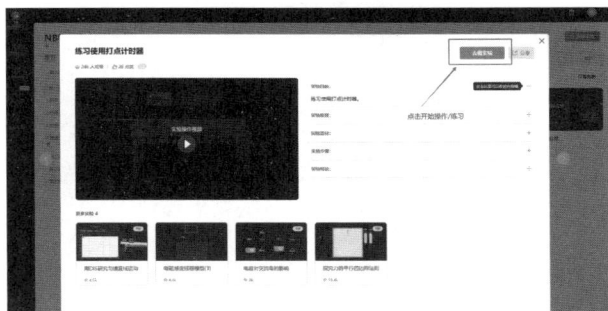

图4-3 选择实验进行操作/练习

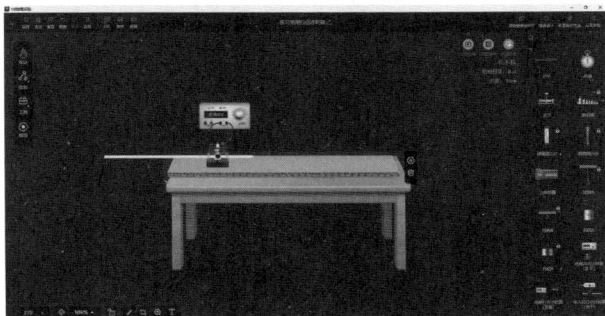

图4-4 进入实验界面

④实验界面左上角功能栏介绍：左上角功能栏分别可以保存实验、清空实验、重置实验、撤销上一步操作、恢复操作、实验显示设置、DIS 设置、表格添加、实验操作录屏，如图 4 – 5 所示。

图 4 – 5　左上角功能栏

⑤实验界面左方功能栏介绍：

点击"挥动"可以用鼠标左键对画布进行位置移动。

点击"绘制"可以绘制形状、绳子、齿轮、钢笔。

点击"工具"可以添加固定、轴承、弹簧、推力、切割、旋转。

点击"播放"可以进行实验步骤的播放/暂停。

实验界面上方功能栏介绍：

点击"边做边看"可以跟着实验步骤视频进行实验操作，如图 4 – 6 所示。

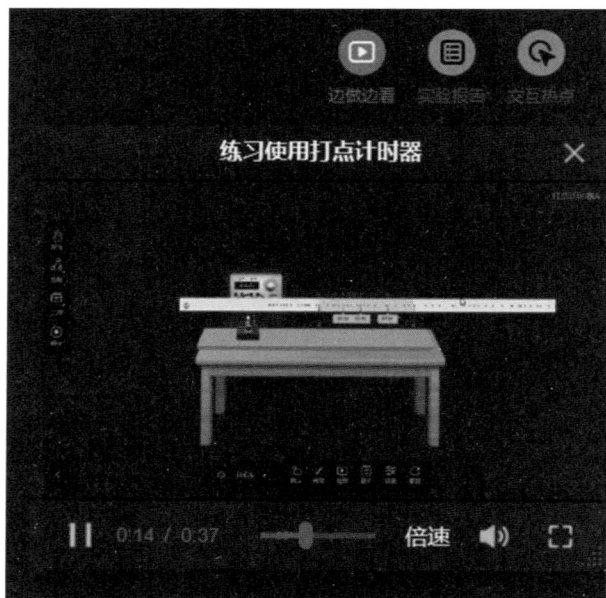

图 4 – 6　"边做边看"实验视频

点击"实验报告"可以查看本次实验的实验报告，还可以对实验报告内容进行编辑处理，如图 4 – 7 所示。

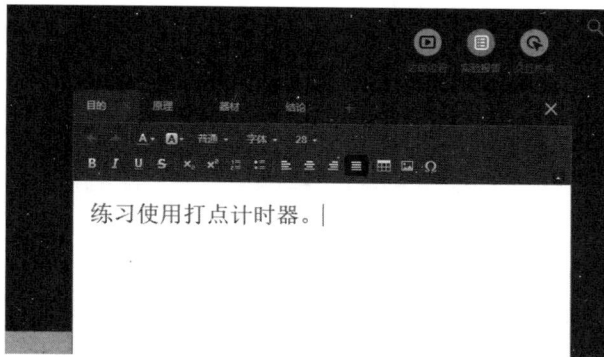

图4-7　实验报告

点击"交互热点"可以进行交互式操作。

⑥实验界面右方"仪器库"可以根据实验需要，添加实验仪器及用品，如图4-8所示。

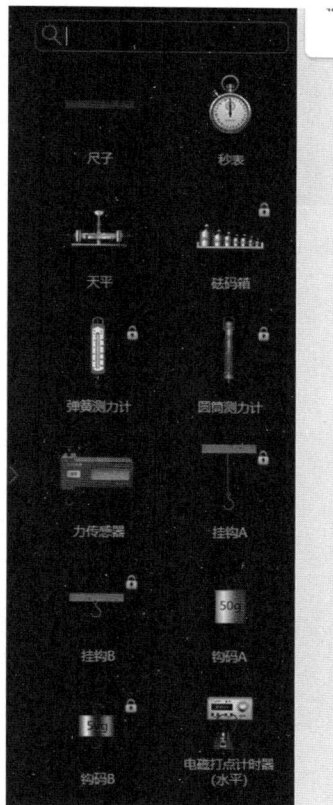

图4-8　仪器库

⑦实验界面右上角功能栏（见图 4 - 9）介绍：

图 4 - 9　右上角功能栏

点击"复制链接到 PPT"可以把实验界面以网页链接的形式插入 PPT 中。

点击"授课演示"可以打开授课模式，适合在一体机下使用，如图 4 - 10 所示。

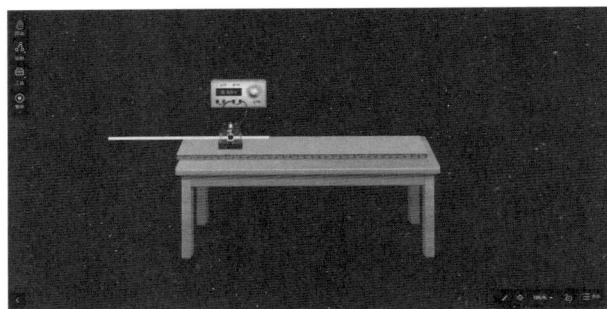

图 4 - 10　一体机授课演示界面

点击"布置探究作业"可以创建班级作业，可通过二维码/链接的形式给学生发布实验练习，如图 4 - 11 所示。

图 4 - 11　发布作业

点击"分享实验"可以把该实验通过二维码/网页链接分享给他人。

⑧实验界面下方功能栏介绍：从左至右功能依次是实验类型选择、画布缩放比例调节、画布锁定、画笔添加、截图功能、放大镜功能、添加文本框，如图4-12所示。

图4-12　下方功能栏

虚拟实验

（1）工具概述。

虚拟实验是一款配套物理教材的模拟实验软件，有一双虚拟手操作实验，可以选择单人练习，也可以选择双人练习。

（2）"虚拟实验"的使用方法。

①打开手机应用商城，输入关键字"虚拟实验"，可免费下载这款App。

②下载完成后，打开应用，进入应用程序，登录账号/新用户注册，如图4-13所示。

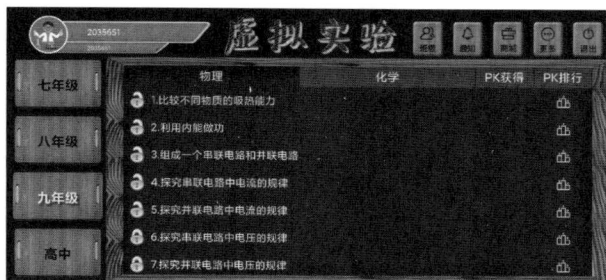

图4-13　"虚拟实验"主页面

③根据教学需要，选择对应年级学段来进行对应的实验操作/练习（软件兼备多个实验）。

④界面功能栏介绍：左方功能栏可以根据实际需要切换不同年级及科目，如图4-14所示。

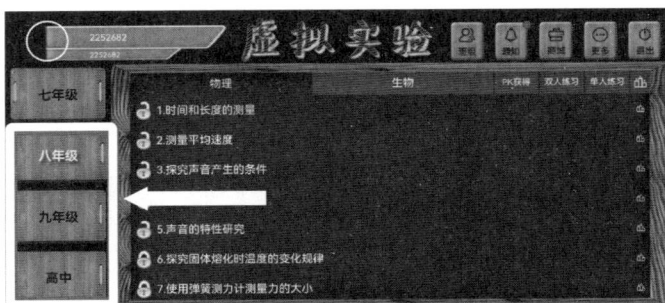

图4-14 切换不同年级及科目

点击左上角头像可以进入个人主页，点击右上角选项可以查看不同模块的选项卡，如图4-15所示。

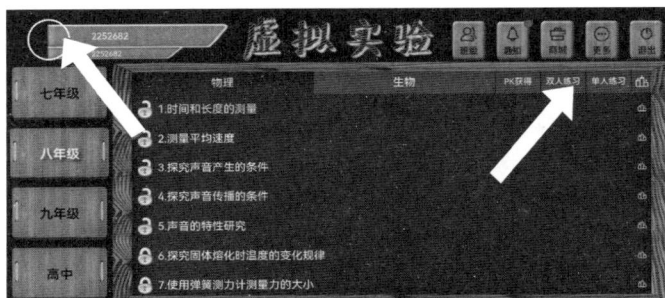

图4-15 左上角个人主页和右上角选项卡

右方功能栏可以查看排行榜，如图4-16所示。

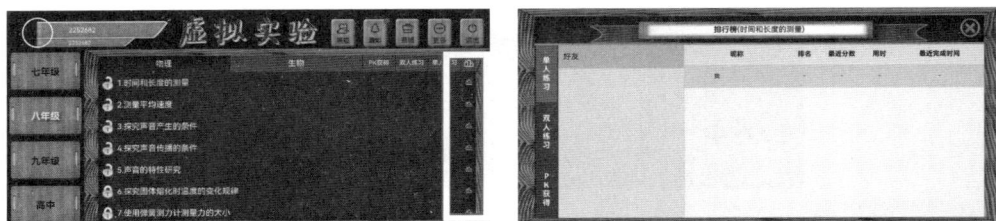

图4-16 "查看排行榜"页面

点击实验名称可以进入实验，下划可以选择其他实验，如图4-17所示。

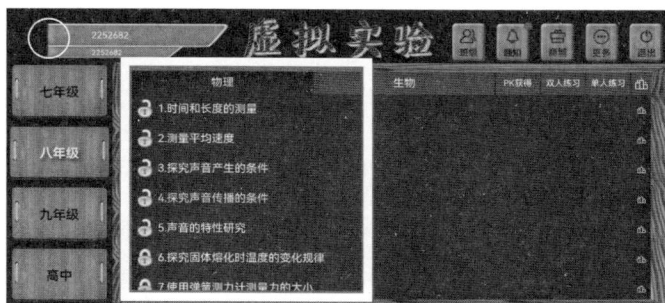

图4-17　点击实验名称进入实验

⑤点击"开始实验"，如图4-18所示。

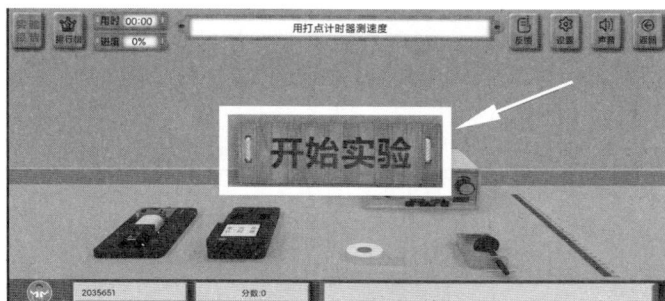

图4-18　"开始实验"页面

点击"点击继续"阅读本次实验目的、原理、器具等，如图4-19所示。

图4-19　阅读实验相关内容

根据提示完成相对步骤，如图4-20所示。

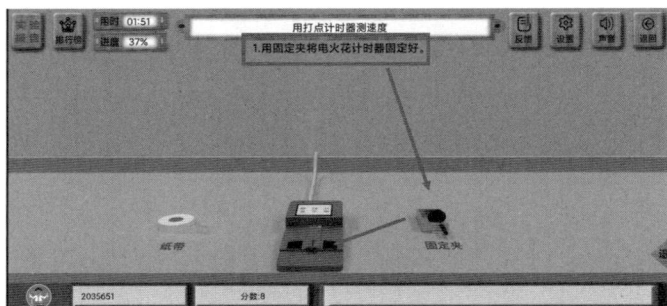

图 4 - 20　根据提示完成步骤

边做实验边完成提问，如图 4 - 21 所示。

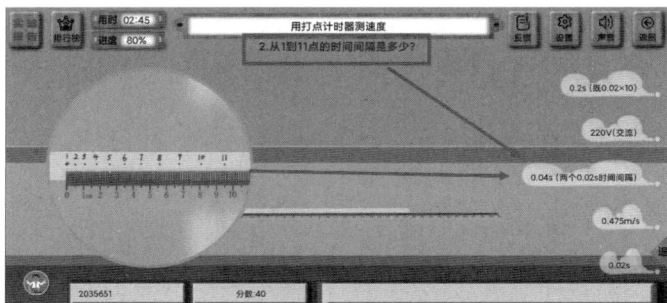

图 4 - 21　边做实验边完成提问

实验过程中，点击左上角"实验报告"可以随时查看实验报告，如图 4 - 22 所示。

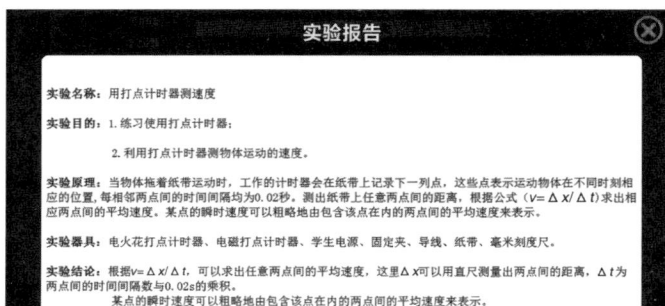

图 4 - 22　查看实验报告

实验还可以选择"双人练习"或"单人练习"模式，如图 4 - 23 所示。

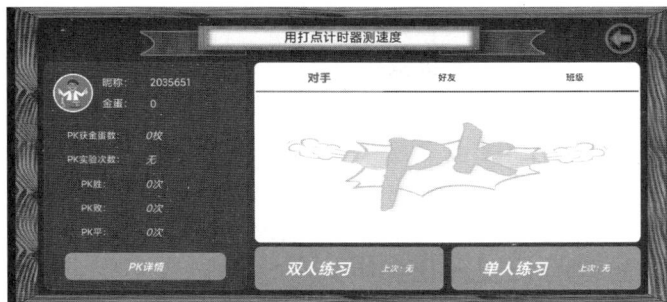

图 4 - 23　实验模式选择

三、　教学研究

精准数据化 P&P 智慧课堂[①]
——以"液体的压强"为例

　　汇贤实验学校"P&P 智慧课堂"是基于光大纸笔互动课堂，利用"智能手写板＋纸笔课堂教学软件"组成的学校智慧教学新模态，是基于建构主义和人本主义学习理论，以智能手写板为载体（见图 4-24、图 4-25），保持传统纸笔书写的形式，构建信息化、智能化、泛在化和个性化的学习环境，实现预知（pre-vision）和深度（profundity）学习的课堂。在蓝牙传输的稳定环境下，利用电磁感应技术协助教师开展师生互动反馈式教学的即时互动授课、纸笔板书、智能采集课堂数据，及时反馈学生学习情况，为教师授课环节提供丰富的课堂即时测评和双向交互体验，实现智能采集课堂教学数据、优化课堂教学活动、激发学生的学习主动性的目的。

图 4 - 24　教师界面

图 4 - 25　学生手写板

---

① 本文为佛山市顺德区汇贤实验学校蔡伟栋所作。

课后的反思是提高教师教研教学水平的重要一环。在一线的初中物理课堂实践中，加强课后反思与总结，能帮助教师尤其是年轻教师站在更高的维度审视自身，认清自我，了解学情，从而提高课堂教学能力，促进自身专业成长。因授课条件、学生实际的学习情况等原因，再完美的教学设计和课堂教学也不可避免地会留下这样那样的缺憾。优秀的课后反思能够起到弥补缺憾、承上启下、继往开来的作用。那么，如何进行课后反思，课后反思要反思什么？笔者认为，好的课后反思，应当反思教学内容是否设置得当，实验操作和现象观察是否引导到位；反思教学方法是否符合学生的心理特点和学习需要，是否能与教学内容相互契合；反思学生的参与度是否足够高，教学过程中能否突出学生的主体地位；反思课堂上学生的状态是否能做到视听与动手兼具；反思习题的难度设置是否有梯度，是否符合不同层次学生的需求等。课后反思是站点更高的一次教学设计，在反思过程中，教师要考虑更多符合学情的因素，敢于去推翻原有的老模式，建立更高效的新模式。

P&P智慧课堂不仅在课堂上给教师带来了便利之处，还为课后反思提供非常有效的参考，能够帮助教师更高效、更精准地进行课后反思。

课后反思是对三大模块（教学内容、教学方法和教学难度）的重新构建，历经四个过程（课前设计、课堂回顾、呈现结果和改进方式）和若干课堂呈现方式（整体评价、学生参与度、课堂状态、学生态度、习题难度等），如图4-26所示。

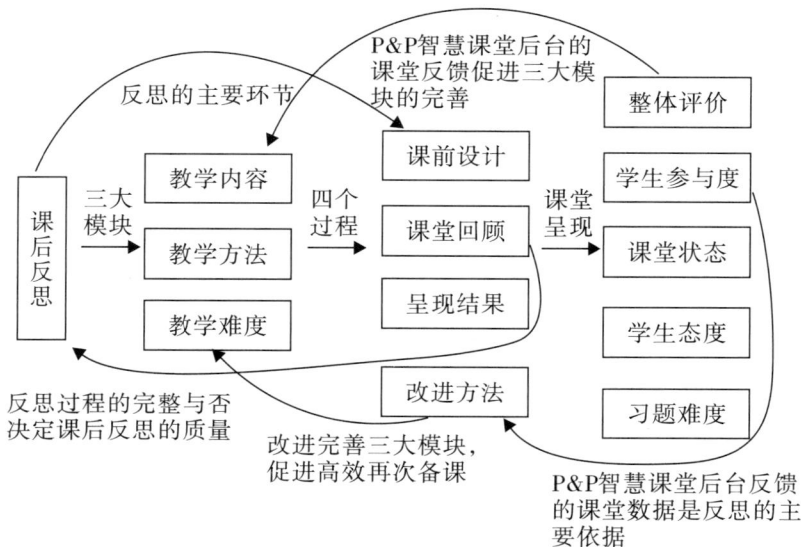

图4-26 课后反思流程图

　　只有当课前的设计和设想与实际课堂呈现产生矛盾，出现碰撞，才会有更加符合学生学习需要的改进方法出现。而在结果的呈现上，传统的方式往往依靠课堂上教师的观察和课后作业的评改，甚至利用经验主义进行主观性的判断，这或多或少不够精准。P&P智慧课堂精准监控了每节课每位学生的学习情况，给出客观的课堂记录，并且将记录第一时间发送到教师账号。这可以非常有效地帮助教师在课后及时了解自身的上课情况，做出精准的课后反思。

　　下面笔者以一节"液体的压强"为例，利用P&P智慧课堂的后台数据，做一次课后反思。

　　1. 整体评价

　　本节课根据后台数据分析，在实际课堂中，学生参与度较高，吸收度较好，说明教学内容的设计基本合理、教学方法基本符合学情；明显不足是教学过程中的习题难度梯度不够明显，学生练习巩固的时间不足（见图4-27）。

| 课堂总体评估 ⑦

—— 得分率

90	87	90
课堂吸收度	课堂参与度	学习态度

| 课堂总结

　　本次学习的内容为2021-03-26 11:44-课堂分析报告,我在课堂上做了0道习题,包括0道客观题,0道主观题,答对了0道题,得分率为--,我在本节课做了0页笔记。
　　本节课我获得了教师的0个点赞表扬,随机抽答互动环节中,我被抽中了0次,我参与了0次抢答,其中0次抢到了回答权。

暂无总结内容

| 课堂总结

　　本次学习的内容为2021-03-26 11:44-课堂分析报告,我在课堂上做了0道习题,包括0道客观题,0道主观题,答对了0道题,得分率为--,我在本节课做了0页笔记。
　　本节课我获得了教师的0个点赞表扬,随机抽答互动环节中,我被抽中了0次,我参与了0次抢答,其中0次抢到了回答权。

暂无总结内容

| 课堂评估趋势

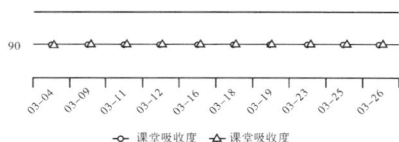

| 课堂评估趋势

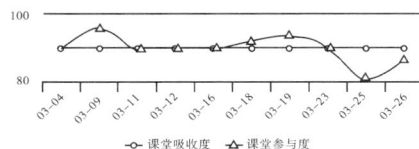

图4-27　P&P智慧课堂评估数据图

2. 课堂回顾

在实际上课过程中，大部分内容都能按照课前预想的效果在课堂上呈现，效果也都较为理想，但是在实验探究的猜想环节与液体压强公式的推导上出现意外。在猜想影响液体压强大小的因素时，大多数学生提出的因素都在预料之中，如深度、液体密度、液体的方向，唯独没有预想到有人提出了"形状"因素。所以面对这"突发情况"，当教师提问"如何用现有器材对这个因素进行实验探究"时，竟无人抢答。

在进行公式的推导时，原本的设计是简单引导，大胆交给学生自主进行推导，接着小组进行讨论得出结果，从而加强理解，突破难点。但事实是，在给足学生时间的情况下，查看全体学生作答痕迹时，发现许多空白的页面，即使经过小组讨论，许多学生的答案还是错误或者空白的，说明这个模块的设计不足以帮助学生解决问题。在教学方法上，采用教师演示和个别学生上台演示，提问方式多为集体提问，看似热闹，实际上，这样的模式容易使部分学生的回答变得从众、机械。

3. 呈现结果分析

（1）课堂参与度。

关于课堂参与度，笔者想阐述两方面的内容，一是如何理解参与度，二是 P&P 智慧课堂后台给出的参与度反映出什么问题。何为"课堂参与度"？百度百科给出的解释是学生参与教学活动的积极性、主动性的程度，是判断学生主体地位是否落实和学生主体作用是否发挥的主要指标。它主要体现在发言学生所占比例和学生参与活动时间的比重上。在新课改的思潮下，课堂参与度是衡量课堂上学生主体地位的重要因素。因此，P&P 智慧课堂在课堂评价上加入课堂参与度是非常有现实意义的。

由图 4-28 可得知，系统显示，课堂参与度前几名与后几名学生的分数一样，说明全班学生在课堂上的专注度非常高，整体上教学活动能够引起学生的关注。但细细分析各时间段上的参与度时，如图 4-29、图 4-30 曲线所示，可以发现，在班级几乎所有学生学习态度都比较良好的情况下，课堂参与度出现了参差不齐的情况，其中，最后低于平均值的部分是习题部分，学生自主书写。

图 4-28 P&P 智慧课堂参与度数据图

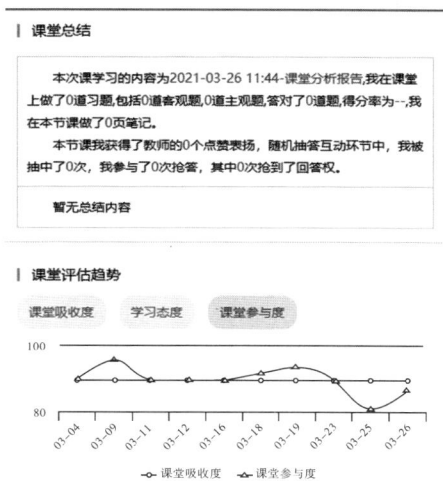

图 4-29 P&P 智慧课堂参与度曲线图

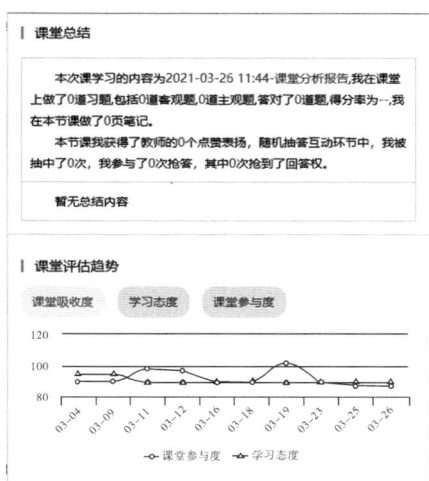

图 4-30 个人学习情况数据图

而在讲授新知识环节，也出现一段课堂参与度较低的时间，这正是公式推导环节，说明这一环节对学生而言存在一定难度。教师的引导不足，导致学生参与不多。

（2）学习态度。

学习态度是学生对待本节课学习的注意状况、情绪状况和意志状态等方面的表现，简而言之，就是上课专注度的问题。专注度如何体现呢？笔者的理解如下：教师发布选择题的时候，学生是否参与答题、提交的时间快或慢等；主观题发布之后，学生是否使用专用笔在板子上书写；教师使用"抢答"功能时，学生是参与抢答，还是无动于衷。这些都可以作为 P&P 智慧课堂学习态度的依据。鉴于此，笔者认为，P&P 智慧课堂的学习态度指标是学生"学"的活动是否积极活跃的直接反映之一。

从全班的数据看，班级学习态度高居九成，说明学生无论是在参与互动的次数还是在参与的积极性上都是可圈可点的，学得很活跃，从学生的专注度也大概可见学生的素质之高。

从学生个人的数据看，如某同学，三角曲线代表其学习态度的变化。由图 4 - 30 不难发现，课堂开始时他的态度最积极，往后则趋向于稳定。根据他平时的表现和成绩，笔者给出的分析报告是：上课开始时，该同学对于新课知识的好奇心最强，对教师的行为较为关注，反应也较敏捷，但随着课堂的深入，对现象的思考增多且加深，其表现开始趋向于理性且稳重。因此，笔者认为，这一节课，该同学的表现是优秀的，他经过了对现象的感性认识、对新知识的内化思考和对现象的理性分析，这既符合学习知识的一般规律，也体现了该同学的学习思考模式。P&P 智慧课堂这样的发现，对于教师针对该同学制订精准帮扶计划是有现实参考意义的。所以 P&P 智慧课堂的学习态度指标也是课后分析的一大重要材料。

（3）教学难度。

在难度设置方面，除了前面已经介绍过的公式推导模块有一定难度，习题评价的后台数据也给难度评估提供了重要参考。教师根据课堂上学生的反应和后台数据的反馈加以分析，可以发现，课堂练习设置了 5 道选择题和解答题，从课堂即时反馈的数据看，前 4 题正确率很高，大部分学生已经能掌握，说明其中涉及的知识点基本上能够过关；而第 5 题则较多学生出现错误，且答案分散，这说明难度是递增的，同时也说明，在后续的课堂检测中这块知识的设置可以更加有针对性（见图 4 - 31）。

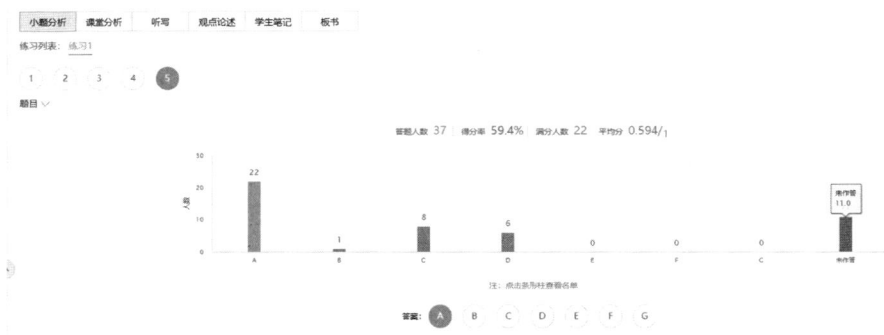

图 4 - 31　P&P 智慧课堂习题分析图

第五章

化学学科工具

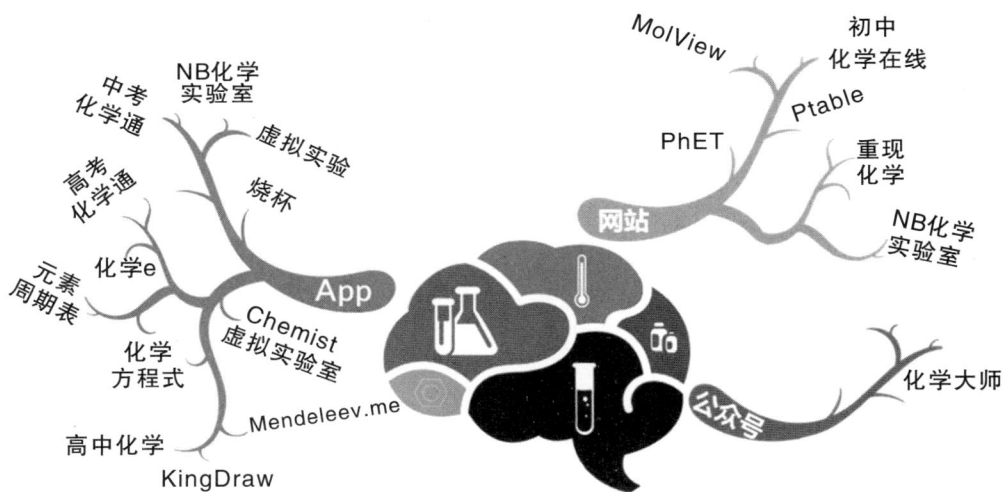

MolView

初中
化学在线

中考
化学通

NB化学
实验室

虚拟实验

Ptable

高考
化学通

烧杯

PhET

重现
化学

化学e

网站

NB化学
实验室

元素
周期表

App

化学
方程式

Chemist
虚拟实验室

高中化学

Mendeleev.me

公众号

化学大师

KingDraw

一、 学科基本情况

化学是一门自然科学，涉及的知识点多而散，具有繁、乱、难的特点，要求学生既要有严密的逻辑推理能力，又要有理解记忆能力，学生学起来觉得比较困难。学习化学的重点、难点在于掌握化学基本概念和基本理论，包括分类观、微粒观、元素观、变化观、价值观，这些是化学基础知识的重要组成部分，也是学好化学的基础。所谓"化学用语"是指化学科学在交流、描述及表达物质变化过程中常用到的一些化学术语，如元素符号、化学式、化学方程式等，要能熟练掌握，灵活运用。在学习过程中，可以运用一些 App，例如"中考化学通""高考化学通""化学 e"等帮助学生理解、识记常见的化学术语。

化学研究的对象是物质，物质的组成和结构决定了物质的性质，而物质的性质又制约了物质的存在方式、制法和用途。因此在学习元素化合物性质时，应抓住其结构来了解化合物性质。化学物质的基本结构有利于帮助学生理解化学物质的性质，教师可以通过如"KingDraw""MolView"等结构绘制软件和网站绘制化学结构式，帮助学生从物质的结构去联想，以理解和记忆单质及其化合物的一系列性质。

同时，化学是以实验为基础的自然学科，学好化学必须重视实验。在课程之余，学生比较难以接触到真实的实验，可以通过如"虚拟实验""烧杯""Chemist虚拟实验室"等 App 学习观察化学实验，通过观察实验前、实验过程、实验结果，掌握实验的原理、步骤、现象和要领，从反应原理去联想，能理解和记忆一些容易搞错的化学方程式；从基本反应规律去联想，既能有效记忆，又能理清楚概念。

二、 学科工具

（一） 精品应用

烧杯	工具类型：App 工具简介： 支持 150 多种药剂、300 多种神奇的化学反应，观察反应的同时，可显示化学反应方程式	虚拟实验	工具类型：App 工具简介： 是一款配套化学教材制作而成的模拟实验软件，有一双虚拟手操作实验，可以选择单人练习，也可以选择双人练习

Chemist 虚拟实验室	工具类型：App 工具简介： 是一款化学实验软件，提供许多的化学器材以及化学物质，可以进行化学反应实验模拟，且记录详细	NB 化学 实验室	工具类型：App/网站 网址：https：//hx. nobook. com/console/templates/re-source 工具简介： 是一款化学实验软件，是为初高中教学和学习打造的化学实验操作与演示工具
中考 化学通	工具类型：App 工具简介： 是一款化学资源软件，是为广大初中生打造的辅导应用软件，包含丰富的化学真题和试卷，方便学生学习化学知识	高考 化学通	工具类型：App 工具简介： 是一款化学资源软件，包含高考科目下的所有考试真题，包含大量复习资料，便于学生学习化学知识
高中化学	工具类型：App 工具简介： 是一款化学资源软件，收录全国历年高考化学真题，按化学考点整理分类	元素 周期表	工具类型：App 工具简介： 是一款化学元素学习软件，可以查询到各个元素的名称、发源、存在形式、性质等
化学 方程式	工具类型：App 工具简介： 是一个化学查询工具，提供了各种化学方程式的数据，还包含化学俗名、元素周期表等	化学 e	工具类型：App 工具简介： 是一款化学学习软件，拥有化学表达式、化学元素表、摩尔质量、颜色查询等众多学习具体内容

KingDraw	工具类型：App 工具简介： 是一个化学绘制工具，可以绘制化学结构式，并帮助学生理解化学物质结构
Mendeleev.me	工具类型：App 工具简介： 是一个化学学习工具，界面简洁，拥有各种化学方程式以及元素周期表
PhET	工具类型：网站 网址：https：//phet.colorado.edu/ 工具简介： 是一个化学学习网站，提供许多在线模拟实验，涵盖常见的化学实验室实验，供教师教学和学生理解实验
MolView	工具类型：网站 网址：https：//molview.org/ 工具简介： 是一个化学分子编辑网站，也是一个在线开源化学分子结构式查看、编辑工具，包含化合物、蛋白质、光谱数据库，能够看到 3D 样式的化学分子结构式
初中化学在线	工具类型：网站 网址：http：//envisioning-chemistry.cn/ 工具简介： 是一个化学资源网站，拥有初中新课标精品教学资源，给教师提供便捷的新课程资源
Ptable	工具类型：网站 网址：https：//ptable.com/ 工具简介： 是一个智能化学元素学习网站，可查询元素的各种性质，如电子亲和能、沸点、同位素等
EC 重现化学	工具类型：网站 网址：http：//envisioning-chemistry.cn/ 工具简介： 是一个化学反应学习网站，记录并提供各种化学反应的过程
化学大师	工具类型：公众号 工具简介： 是一个化学知识共享平台，分享化学学习资源，提供化学课程、解题方法等

（二） 中学工具推荐

KingDraw

（1）工具概述。

KingDraw 是一个专业、便捷、安全、免费的化学结构式编辑器。此软件支持极速创作，具有信息同步、平台兼容、完全免费等特点。中文操作界面有多种绘图元素和基团，可以进行手势绘制、IUPAC 名称与结构式互相转换，还可以自动转化为 3D 图像，展示起来十分方便。

教师在绘制相应结构式之后，可以用不同展现方式直接呈现给学生，直观方便。

（2）KingDraw 的使用方法。

①打开手机应用市场，输入关键词"KingDraw"，可免费下载这款 App。

②打开"KingDraw"App，进入主页面，进行用户登录/注册，来到"结构式"新建画板，如图 5-1 所示。

图 5-1 新建画板

③进入画板后，根据自己需要的结构式进行绘制。画板分为四个功能区，如图 5 - 2 所示：上部功能区主要包括绘图时的主要功能；绘制选择区主要包括多种结构式绘制元素；元素选择区主要包括元素周期表所有元素，满足日常绘图要求；右部功能区主要包括多个快捷操作工具。

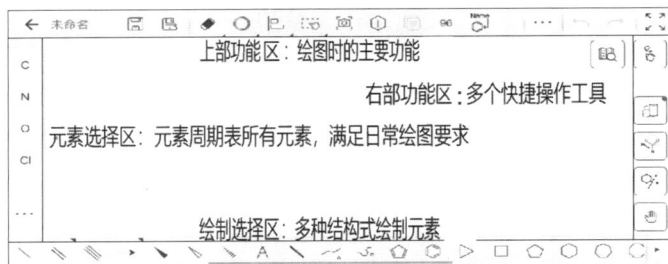

图 5 - 2　画板布局

④编辑画面详细介绍，如图 5 - 3 所示。

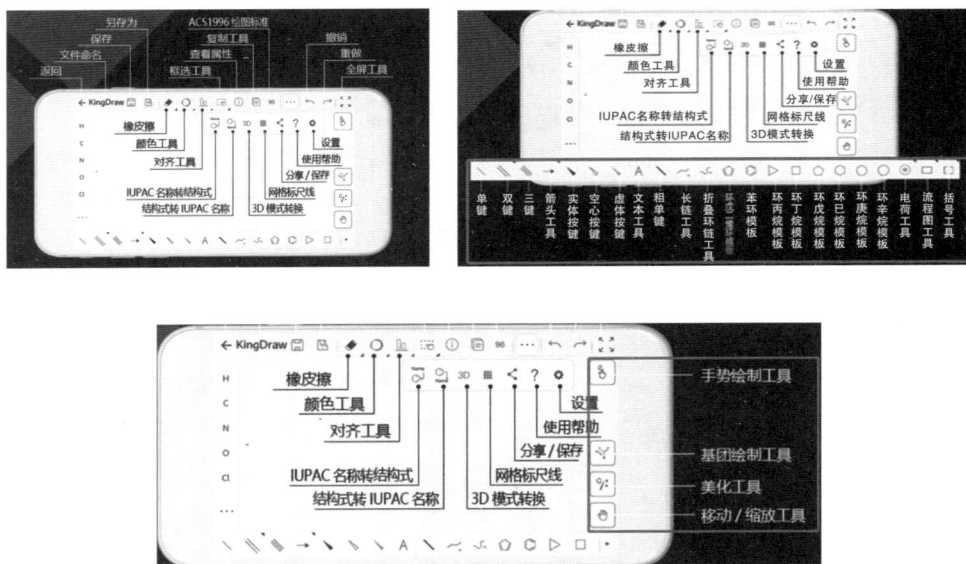

图 5 - 3　各区功能

⑤命名功能介绍：点击"命名输入框"，弹出"命名输入框"界面；修改当前命名；点击"确认"按钮，保存名称，如图 5 - 4 所示。

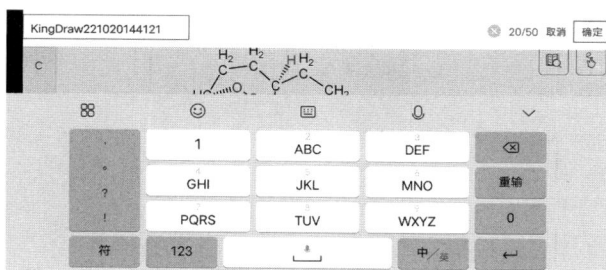

图 5 - 4 命名功能

注意：默认命名方式为"KingDraw + 年月日时分秒"；名称长度不能超过 50 个字符；修改的名称不能与已有文件名称相同；如果修改名称与其他文件重名，会有提示，不能保存。

⑥橡皮擦/清理工具介绍：删除单一画图元素，如单键、文字等，选中橡皮擦点击需要删除的元素，元素会直接删除；

删除化学结构式中的某一单一画图元素，如双键变单键、苯环中双键变单键，可以使用橡皮擦点击双键；

删除化学结构式与某一连接点连接的元素，可以使用橡皮擦，直接点击连接点；

删除整体结构式，首先使用框选工具选中结构式，然后点击橡皮擦进行删除；

如果想要全部内容清空，长按橡皮擦会出现清理工具，如图 5 - 5 所示。

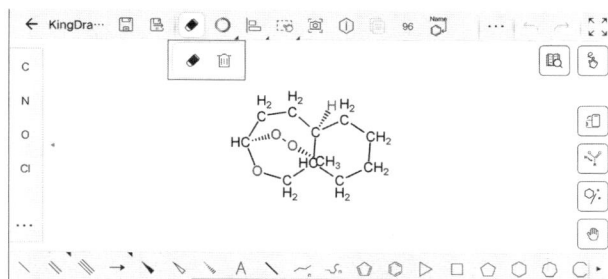

图 5 - 5 清理工具

⑦框选工具介绍：可以帮助我们对结构进行针对性调整，位于画板上部功能区中有矩形选择工具和套索工具，长按选择框就可以进行切换，如图 5 - 6 所示。

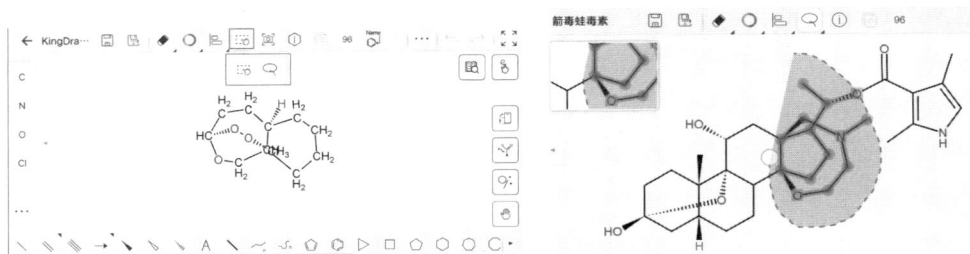

图 5 - 6　框选工具

矩形选择工具：用于框选相邻的元素；

套索工具：用于多个结构式紧挨着，不方便使用矩形选择工具时使用，点击工具，围绕区域进行圆环框选。

框选单个元素和结构：点击框选工具，然后点击一下元素或结构就能选中；

框选多个元素和结构：点击框选工具，然后依次点击元素或结构就能选中；

框选整个结构：点击框选工具，长按任一元素或者结构就能选中。

⑧化学键介绍：KingDraw 常见的化学键位于绘制选择区，工具栏支持左右滑动，点击右下角的按钮可以隐藏/显示工具栏。KingDraw 提供粗细单键、双键、三键、各式楔形键等，长按双键工具栏可以显示各种双键，如图 5 - 7 所示。

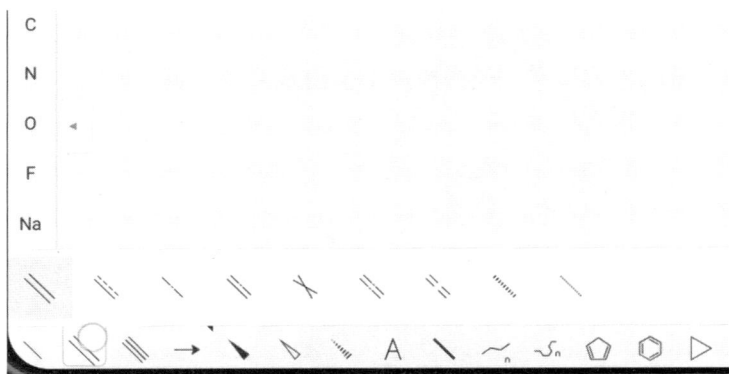

图 5 - 7　化学键

选择需要的化学键类型，点击画板任意位置，就会出现相应的化学键。如果还需要再添加，在键尾处点击即可，按住键尾可以任意旋转化学键的角度。如果需要连接两部分结构，只需要在添加结构时，按住化学键不放并拖动至需要连接的地方，化学键就会根据结构的距离自动延长。

单双键的快捷切换：在已有的单键上使用双键就可以将单键快速转换为双键，在已有的双键上使用单键就可以将双键快速转换为单键。

注意：在添加任何化学键时，系统默认键的两端为碳氢化合物；绘制化学键后如果需要修改键角、键长，我们可以使用框选工具进行修改。

⑨文本工具介绍：文本工具位于画板的绘制选择区，选择文本工具，再点击画板任意位置，就可以进入输入页面。点击"A"可以打开或隐藏输入法，包括粗体、斜体、上标、下标以及自动识别下标功能，如图 5 - 8 所示。

图 5 - 8 文本工具

文本输入完毕，点击确认，就会显示在画板上。按住文本进行拖拽可以调整位置。如果想要改变字体颜色，可选中文本，然后点击颜色工具进行修改。

文本工具还可以用于修改结构式上的化学元素。点击文本工具，选中需要修改的元素，进入编辑，点击确认即可修改成功，且系统会自动识别添加的元素。

⑩3D 转换工具介绍：将画板的结构式快速转化为 3D 结构模型，点击上部功能区的更多功能，选择 3D 功能，就可以将结构转化为 3D 模型（见图5 - 9）。如果画板存在多个结构，可以通过框选工具框选需要转换的结构，之后再进行转换。

注意：系统无法对存在错误的结构式进行转换。

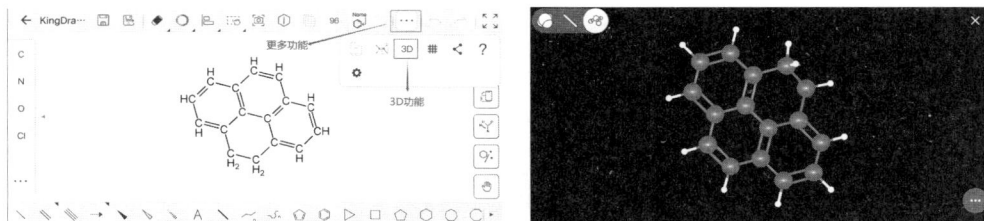

图 5 - 9 3D 转换工具

化学 e

（1）工具概述。

化学 e 是一个知识点较全面的化学学习工具，包括化学方程式、元素周期表、物质俗称查询、金属活动顺序表、溶解度、酸强度图表等，帮助学习者迅速找到要查找的知识点，方便快捷。

（2）化学 e 的使用方法。

①打开手机应用市场或者手机浏览器，输入关键词"化学 e"，可免费下载这款 App。

②下载完成，进入 App，如图 5 - 10 所示。

图 5 - 10　"化学 e"主页面

③点击"方程式",即可查找化学方程式,可以根据反应元素的符号点击字母进行快速查找。点击需要学习的化学方程式,即可查找到化学方程式及其反应类型、条件、步骤、现象,以供学习,如图 5 - 11 所示。

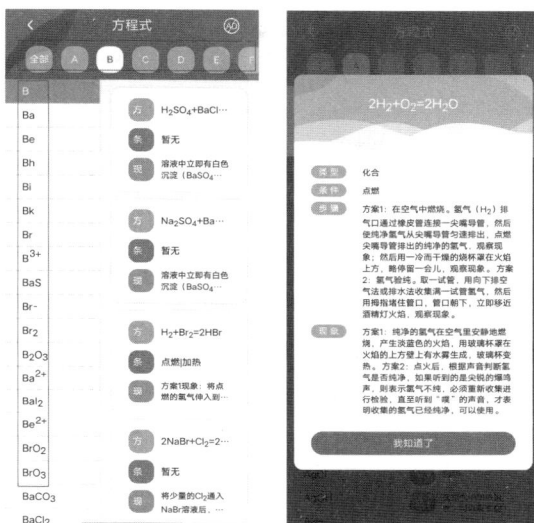

图 5 - 11 查找化学方程式

④返回主页面,点击"周期表",即可进入元素周期表,点击想要学习的元素,可以看到详细的数据,如图 5 - 12 所示。

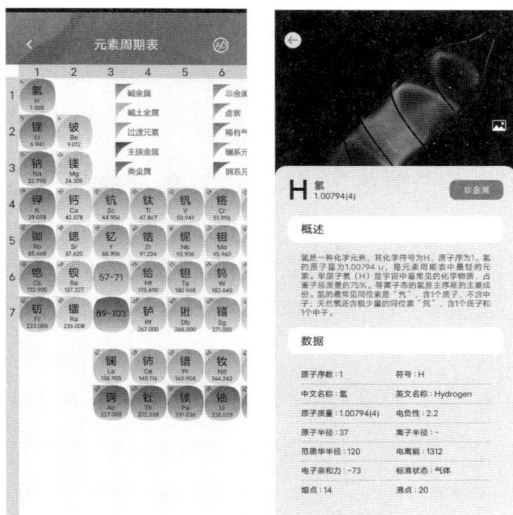

图 5 - 12 元素学习

⑤返回主页面，点击"摩尔质量"，即可进行摩尔质量计算，输入需要计算的化合物，如图 5 - 13 所示。

⑥返回主页面，点击"俗称"，即可进行化合物俗称的学习，如图 5 - 14 所示。

图 5 - 13　计算化合物的摩尔质量　　图 5 - 14　化合物俗称学习

⑦返回主页面，点击"颜色"，即可进行化合物颜色的学习，如图 5 - 15 所示。

⑧返回主页面，点击"金属活动表"，即可查找和学习金属活动性，还可以学习金属的提取法，如图 5 - 16 所示。

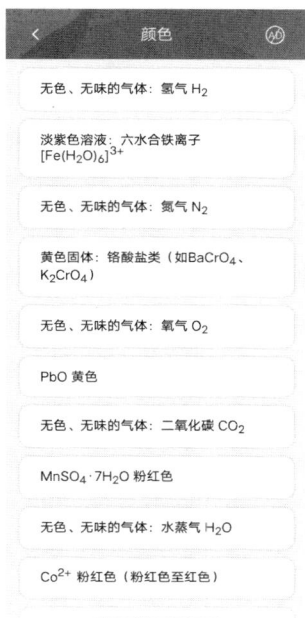

图 5 - 15　化合物颜色学习　　　图 5 - 16　金属活动性和提取法学习

⑨返回主页面，点击"溶解度"，即可进行溶解度的学习，如图 5 - 17 所示。

图 5 - 17　化合物溶解度学习

⑩返回主页面，轻触"更多"，即可进行元素电负性、有机物分子量、酸强度图表的学习，如图5-18所示。

元素电负性		
分子	相对电负性值	电子亲和力(千焦/摩)
Cs	0.79	46
K	0.82	48
Ba	0.89	14
Na	0.93	53
Sr	0.95	5
Li	0.98	60
Ca	1	2
Mg	1.31	0
Mn	1.55	0
Be	1.57	0
Al	1.61	42
Zn	1.65	0
Cr	1.66	65
Cd	1.69	0
Cu	1.9	119
Si	1.9	134

有机物分子量

自由基		H	Cl	Br	OH	NO_2	NH_2
$—H_3$	甲基	16	95	50	32	61	31
$—C_2H_5$	乙基	30	65	109	46	75	45
$—C_3H_7$	丙基	44	79	123	60	89	59
$—C_4H_9$	丁基	58	93	137	74	103	73
$CH_2=CH—$	乙烯基	28	63	107	—	73	43
$—C_6H_5$	苯基	78	113	157	94	123	93
$—CH_3CO$	乙酰	44	78	123	60	89	59

酸强度图表

酸强度	化学式	$pKa=-logKa$
非常强壮	$H[SbF_6]$	-31.3
	$HSO_3F·SbF_5$	-19.2
	HSO_3F	-15.1
	$HClO_4$	-10
	HI	-10
	HBr	-9
	HCl	-8
	HNO_3	-3
	H_3O^+	-1.76
强大	$H_3N—NH_3^{2+}$	0.27
	HIO_3	0.804
	$H_4P_2O_7$	0.91
	$HOOCCOOH$	1.271
	H_5IO_6	1.64
	H_2SO_3	1.89
	HSO_4^-	1.99
	H_3PO_4	2.148
	H_3AsO_4	2.26
	HNO_2	3.14
	HF	3.2

图5-18　更多学习

三、 教学研究

Articulate Storyline，中学化学交互课件实践[1]

"Articulate Storyline 3"（简称"Storyline 3"），是由Articulate公司开发的一款行业内领先的网络课件制作软件，具有无可比拟的革命性交互功能，使用方法简单，功能强大。使用者只需要在软件安装之后通过软件当中的滑块、动作路径、时间轴、触发器、变量等功能，即可在很短的时间内创建出任何你所需要的互动项目。无论是对于初学者，还是对于专业者来说，都是一款简单而又强大的课件制作软件。

在信息技术发展迅速的大环境下，单一的线性播放模式（如PPT课件教学）

---

[1]　本文为陆丰市东海龙潭中学高炜宏所作。

已不能满足学习者对学习过程中的交互体验要求。学习者对学习过程及体验的要求越来越高，使得交互式课件的制作与应用成为更多教师的选择。以课题"走进化学实验室"为例进行应用探析：

1. "Storyline 3"在"走进化学实验室"教学中的功能

"走进化学实验室"课件在设计上分为两个部分，一是教师设计，二是学生学习。教师设计部分：笔者根据化学考纲对该内容的相关要求，如掌握化学实验基本操作、了解相关仪器使用方法等进行基本的课件设计与制作。学生学习部分：学生整体感观操作界面进行学习，配合教师设计的引导性问题，了解并最终掌握知识点，在完成知识点的学习后，辅以多样化试题进行检测。

在设计中，笔者选择中学化学中在化学实验基本操作中占有重要地位的"走进化学实验室"作为研究对象，进行基于 Storyline 交互式课件的应用开发与探析，图 5-19 为课件制作框架图。

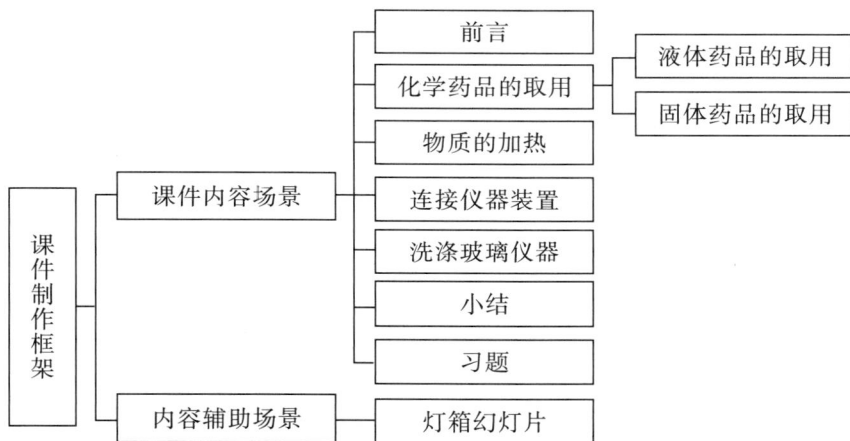

图 5-19 课件制作框架图

在内容选择上，根据教材内容，结合化学课程标准对该教学内容的要求，进一步整合文字、图片等多种教学资源，协同课件制作的导航功能，充分发挥课件的交互性，提高学生的学习自主性。

2. "Storyline 3"在"走进化学实验室"教学中的应用

（1）多功能滑块：滑块功能可以让使用者控制对象，演示事物的变化，探究其因果规律，在教学中有着广泛的应用。在课件"走进化学实验室"中，类似的功能体现在课件导入部分——滚轮的应用上，学生上下滑动滚轮查看相关内容（文字或图片）。在知识点"固体药品的取用"中，在文字及音频引导学习的基础上，应用滑块功能将取样步骤结合动画效果形象直观地呈现在学生面前，增添学习趣味的同时，也加深学生对固体取样步骤系列知识点的印象，如图 5-20

所示。

功能实现	界面图示
滚轮	
滑块	

图 5 - 20 滑块功能图

（2）快速创建测试习题："Storyline 3"支持快速创建测试习题，课件"走进化学实验室"添加了选择题、判断题，并创意性加入了拖放题、多选题检测学生学习效果，能够自动生成分数，方便教师对学生学习反馈信息的获取（见图5 - 21）。"Storyline 3"支持海量的习题导入和创建，学生测试、评分及记录同时进行，可以大大节省教师批改作业、试卷的时间，让教师有更多的时间与精力专注于学习质量的分析，并制定相应的对策。

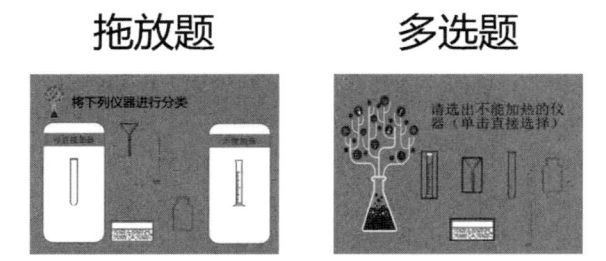

图 5 - 21 多样测试题图

（3）屏幕录制交互：通过屏幕录制来实现课件的交互是"Storyline 3"区别于其他多媒体课件制作工具（如"iSpring"等）的独特优势。屏幕录制交互功能制作的多媒体课件为化学课堂提供强有力的支持。教师录制并通过操作重现课件中涉及的实验、化学过程中的交互，还原实验步骤，为使用课件学习并未能完成对应练习的学生提供参考标准。一次录制，匹配三种模式：查看模式、试用模式、测试模式。具体来说，查看模式会对每一步具体的操作步骤进行重现，每进行一步就会有相应的步骤操作提示。在试用模式中，学生需动手操作，可以重现学习过程，对于印象不深刻或者遗忘的步骤，显示对应的提示。学习者错误操作时，只需对这一步骤重新规范操作而不必从头进行，可以大大节省学习者练习的时间，提高学习效率。而测试模式是在试用模式的基础上先将对应的提示步骤转化为热点题的形式（这里无操作提示），学生再完成操作，以此检验学习效果。因此，屏幕录制交互在提供教学内容参考、规范学习对象在"现实实验"中科学地进行实验操作方面具有积极意义。

与传统的演示课件相比，基于交互式软件"Storyline 3"制作的课件，在实现有效交互基础上，可以更好调动学生多参与，优化教学过程，使其集中注意力，进一步保证了课件使用的信息品质；更好适应了碎片化学习的时代趋势，充分调动学生参与式学习的积极性，更能体现智慧教师的信息应用素质。目前，基于"Storyline 3"交互软件的化学课件制作与研究并不多，笔者在此抛砖引玉，期待更多的教师参与到交互式课件的开发以及课堂应用中来。

第六章

生物学科工具

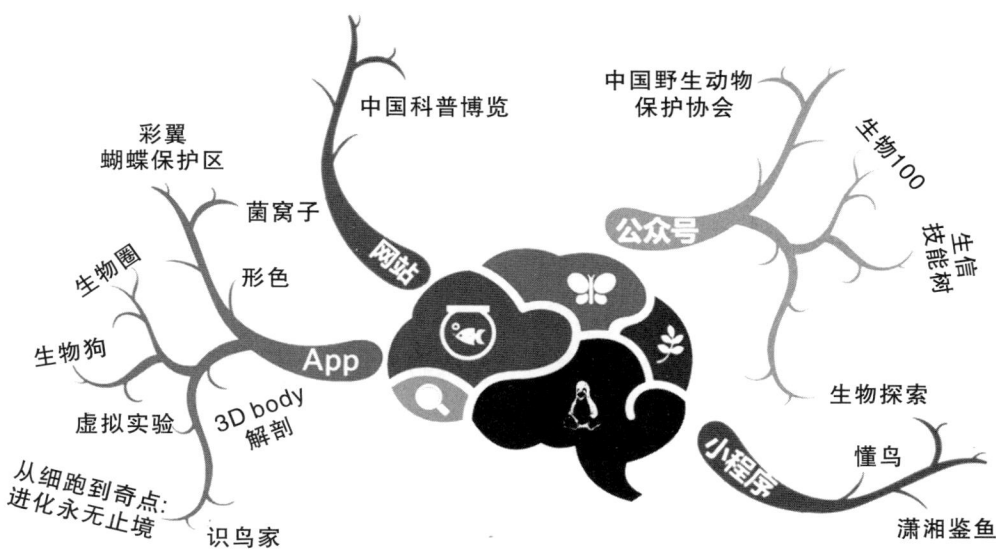

中国科普博览

中国野生动物
保护协会

彩翼
蝴蝶保护区

生物100

菌窝子

技能树

生物圈

形色

网站

公众号

生物狗

App

生物探索

虚拟实验

3D body
解剖

懂鸟

从细跑到奇点:
进化永无止境

小程序

识鸟家

潇湘鉴鱼

一、 学科基本情况

生物是中学的必修课程，也是高中的重要理科课程。作为自然科学的基础学科，生物对于学生形成生命观、世界观有着重要作用。

生物学科教学工具在当今教育领域得到了广泛的应用和发展，为学生提供了更加丰富、生动的学习体验。其中，虚拟实验室是一种常见的教学工具，通过模拟实验环境，让学生进行实验操作，培养他们的实验技能和科学思维能力。虚拟实验室可以有效降低实验成本和风险，同时还能够让学生在任何时间、任何地点进行实验，提高了实验教学的效率和便利性。

除了虚拟实验室，多媒体教学也在生物学科教学中得到了广泛应用，通过动画、视频等形式展示生物现象，生动直观地呈现抽象概念，帮助学生更好地理解和掌握知识。多媒体教学不仅提高了教学的趣味性和吸引力，还可以激发学生的学习兴趣和学习动力。

此外，还有一些专业的生物学软件被广泛应用于教学中，如分子建模软件、基因编辑软件等。这些软件可以帮助学生进行生物实验设计和数据分析，提升实验技能和科学研究能力。通过使用这些生物学软件，学生可以更深入地了解生物学知识，培养创新能力和解决问题的能力。

生物学科教学工具的应用现状不断创新和发展，为学生提供了更多元化、互动性更强的学习体验，促进了他们对生物学知识的理解和掌握。随着科技的不断进步，相信生物学科教学工具将会继续发展，为教育领域带来更多的创新和变革。

近年来，快速发展的生物科学技术与人类的生活愈加密切，生物学科更注重贴近生活，教育部新颁发的义务教育新课标也明确表示要加强学生的操作能力与实践能力；作为教师，我们可以运用网络工具帮助自身提高教学能力，帮助学生将生活与生物知识相联系。

二、　学科工具

（一）　精品应用

形色	工具类型：App 工具简介： 拍照识花，一秒了解植物的学名与种属，同时能了解植物的故事、文化、养护知识与相关古诗词等	3Dbody解剖	工具类型：App 工具简介： 使用3D动画技术还原人体结构，直观地帮助用户了解人体结构
菌窝子	工具类型：App 工具简介： 是一款拍照识别菌类软件，包含大量菌类的信息，可帮助用户识别日常菌类，学习菌类知识	识鸟家	工具类型：App 工具简介： 由中国野生动物保护协会、海峡书局、北京飞羽视界文化传媒联合推出，用户通过手机可分享或寻找鸟类照片及笔记
虚拟实验	工具类型：App 工具简介： 是一款配套生物教材制作而成的模拟实验软件，促进学生对实验的深度学习，提高孩子的动手实践能力	彩翼蝴蝶保护区	工具类型：App 工具简介： 蝴蝶培养游戏，用户可体验蝴蝶从毛虫到成蝶的过程，在游戏中获取蝴蝶种类的科普知识
生物圈	工具类型：App 工具简介： 是一个学习生物知识的平台，由教师、学生、科研人员、爱好者等共建知识圈子，共享知识，答疑解惑	生物狗	工具类型：App 工具简介： 是一个生物科研工作者互相交流的平台，其中的专业文章可供教师学习探讨

从细胞到奇点：进化永无止境	工具类型：App 工具简介： 适用于教师梳理和扩充知识，促进学生好学乐学的休闲益智类游戏。在游戏中，用户作为宇宙构建师，可通过创建生物进化树，了解世纪的变迁、人类的进化与文明	中国科普博览	工具类型：网站 网址：http://www.kepu.net.cn/ 工具简介：中国科学院科学数据库内设虚拟博物馆
懂鸟	工具类型：小程序 工具简介： 可以听声辨鸟。收录了全球鸟类 11 088 种，用户通过鉴别声音和图片、搜索浏览等，可以轻易地获取鸟类信息	潇湘鉴鱼	工具类型：小程序 工具简介： 是湖南省水产科学研究所为科普鱼类知识制作的微信小程序，包含了鱼类、底栖生物、水生植物、保护区等资料
生信技能树	工具类型：公众号 工具简介： 是一个学习生物信息技术，了解生物信息技术资讯的平台	中国野生动物保护协会	工具类型：公众号 工具简介： 了解野生动物保护信息，获取野生动物相关科普视频
生物 100	工具类型：公众号 工具简介： 包含了高中生物人教版电子课本以及对应课程，分享生物学科的最新资讯	生物探索	工具类型：公众号 工具简介： 分享生命科学领域前沿生物技术，获取行业最新进展

（二）　小学工具推荐

形色

（1）工具概述。

形色是由杭州睿琪软件有限公司推出的一款识别花卉、分享附近花卉的 App。在同类型的软件中，形色识别准确度较高，收集植物资料较全，可快速辨别植物。

（2）形色的使用方法。

①打开手机应用市场，输入关键词"形色"，可免费下载这款 App。

②打开"形色" App，进入主页面，如图 6-1 所示。

图 6-1　"形色"主页面

③点击 图标，进入植物识别页面，将植物放入虚线框中，轻触拍照按钮，进行植物鉴别；点击"点击查看详情"，即可查看植物有关信息，如图 6 - 2 所示。

图 6 - 2　"形色"植物鉴定

④返回主页面，点击"每日一花"按钮，进行答题，认识一花。点击"打开每日提醒"并确定，软件每日将以通知形式提醒答题，如图 6 - 3 所示。

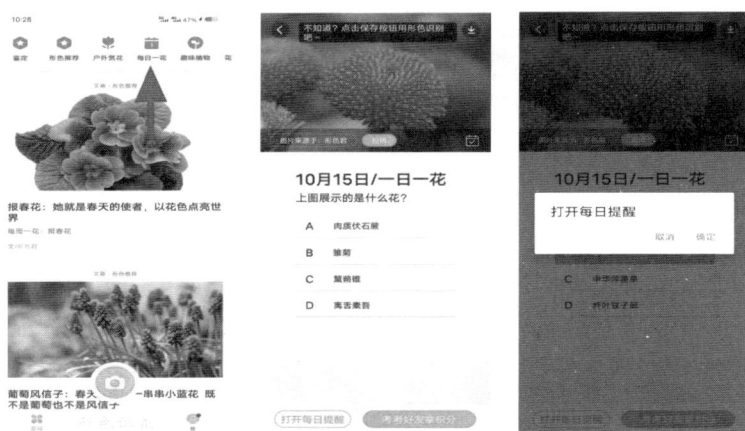

图 6 - 3　"每日一花"页面

懂鸟

（1）工具概述。

懂鸟是一款全球鸟类的百科全书工具，详细介绍了鸟类的名称和属种、保护级别、繁殖地等信息。通过识别照片和声音的方式鉴定鸟类，可以帮助教师在实践观鸟过程中迅速精确地了解鸟种信息。

（2）懂鸟的使用方法。

①打开微信，搜索"懂鸟"，进入小程序，如图6－4所示。

②打开懂鸟，进入主页面，主页面底部为导航栏，如图6－5所示。

图6－4 进入"懂鸟"小程序

图6－5 "懂鸟"主页面

③点击"相机识别"，轻触拍摄按钮，点击鸟种详细信息，即可通过拍照识别鸟类，查看鸟类有关信息，如图6－6所示。

图 6-6　"相机识别"页面

④返回主页面，点击"相册识别"，选择图片，可获得鸟种详细信息。

⑤返回主页面，点击"群图片"，可从微信聊天记录中选取图片进行鸟种识别。

⑥返回主页面，点击"听音辨鸟"，再点击"开始录音"，待录音完毕后，进入识别详情页面，如图 6-7 所示。

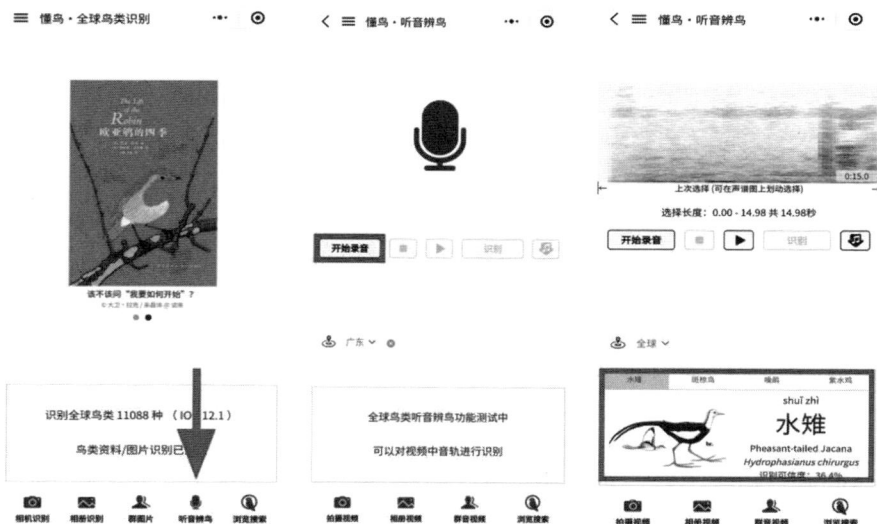

图 6-7　"听音辨鸟"页面

⑦返回主页面，点击"浏览搜索"，可进行搜索及目录浏览，如图 6-8 所示。

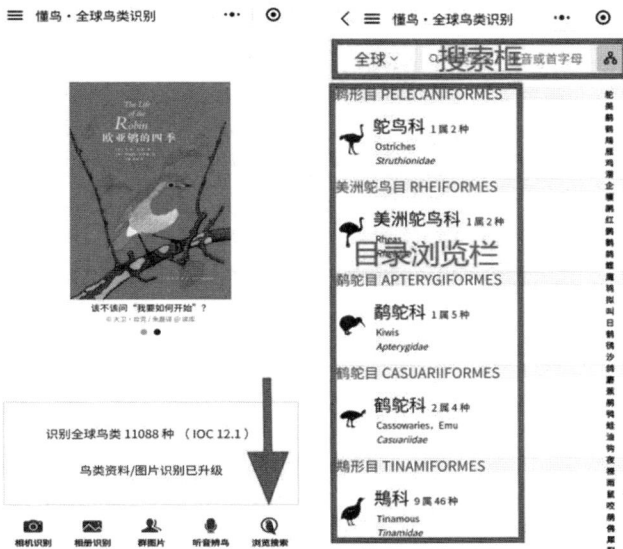

图 6-8 "浏览搜索"页面

⑧从目录浏览栏可选择所需查找鸟种。例如查找非洲鸵鸟，点击"鸵鸟科"，再点击"非洲鸵鸟"，可得非洲鸵鸟的学名、外形特征和生活习性等信息，如图 6-9 所示。

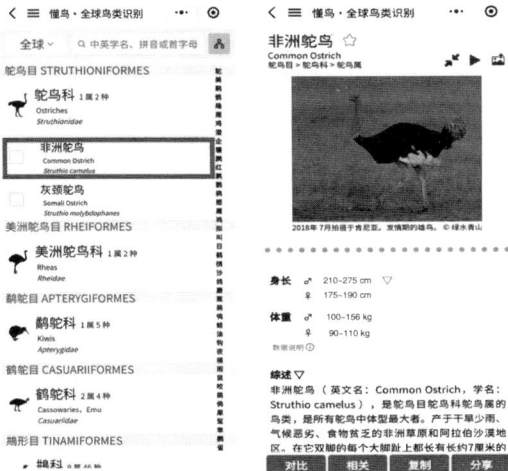

图 6-9 鸟类目录浏览栏查找

⑨收藏鸟类信息。在鸟类详情页面轻触五角星符号，即可收藏鸟类物种信息。回到主页面，点击左上角 ☰ 按钮，可查看收藏信息，如图 6-10 所示。

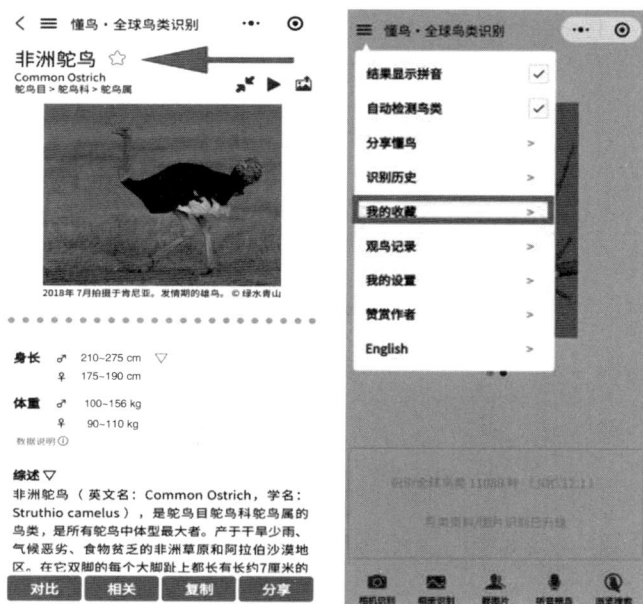

图 6 – 10　收藏鸟类信息

（三）　中学工具推荐

3Dbody **解剖**

（1）工具概述。

3Dbody 解剖一款融合三维互动 VR、3D 互动等技术的虚拟现实人体解剖软件，是倍受喜爱的医学软件之一。"3Dbody 解剖"拥有四大模块："软件模块""课程模块""社区模块""工作平台"。"软件模块"与"课程模块"部分免费，其免费内容可供生物教师了解人体的结构组成，强化对教材的理解。

"软件模块"中，"3D 解剖"包括人体十二大系统的 3D 解剖，适用于生物教师对人体结构进行了解。本节将重点讲述"3Dbody 解剖"中"3D 解剖"软件的应用。

（2）3Dbody 解剖的使用方法。

①打开手机应用市场，输入关键词"3Dbody 解剖"，可免费下载这款 App。

②打开"3Dbody 解剖"App，进入主页面，如图 6 – 11 所示。

图 6 – 11　"3Dbody 解剖"主页面

③点击"3D 解剖"，进入软件，拥有 11 个 3D 解剖模型，如图 6 – 12 所示。

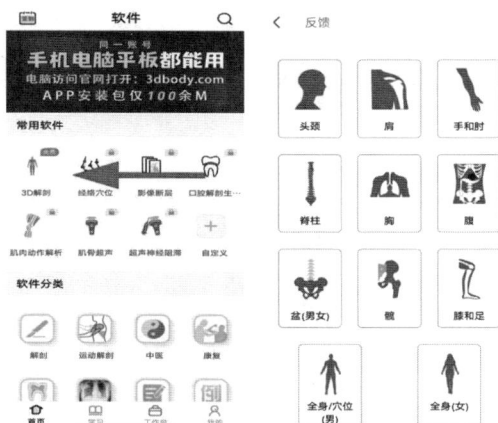

图 6 – 12　"3D 解剖"页面

④点击其中一个模型，进行人体模型观察，例如展示胸的 3D 模型。模型左侧为操作栏，右侧为 3D 结构栏，如图 6 – 13 所示。

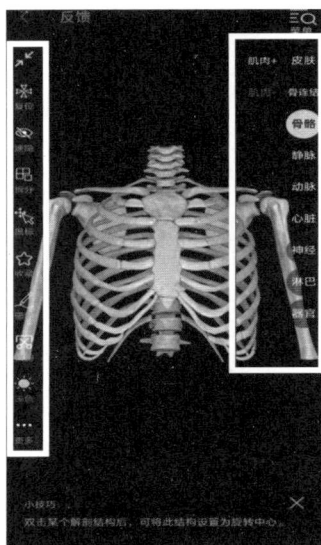

图 6 – 13　胸的 3D 模型

⑤点击右侧 3D 结构栏中的按钮，亮灯为显示其结构，如图 6 – 14 所示。

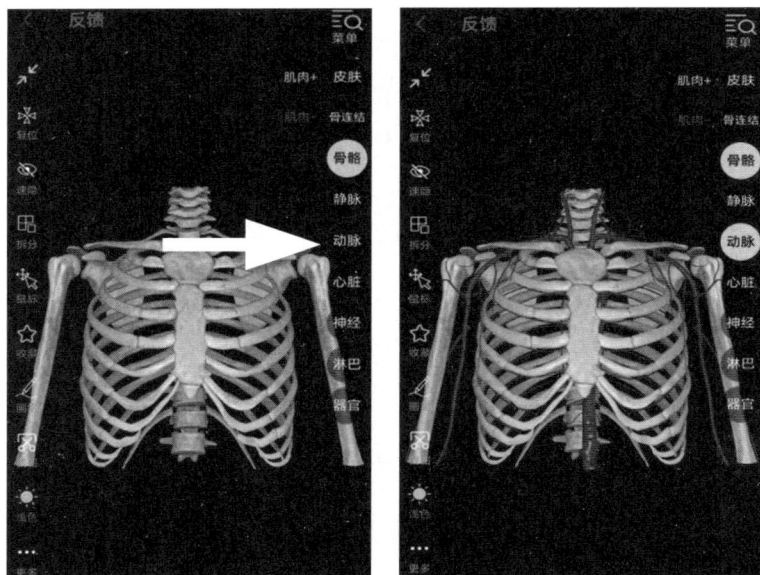

图 6 – 14　胸的 3D 解剖（显示动脉结构）

⑥点击右侧 3D 结构栏中的"肌肉 +"按钮，可增加肌肉层；点击"肌肉 –"按钮，可减少肌肉层，如图 6 – 15 所示。

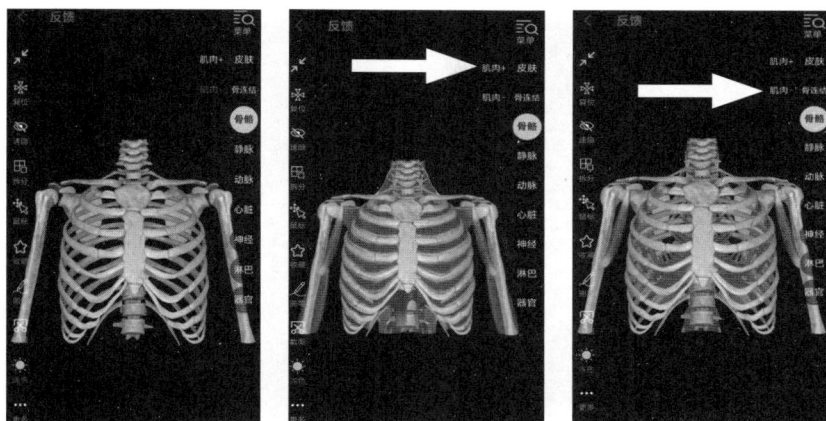

图 6 – 15 胸的肌肉层变化

⑦点击页面右上角"菜单"按钮，勾选所需结构模型，可精确显示结构，如图 6 – 16 所示。

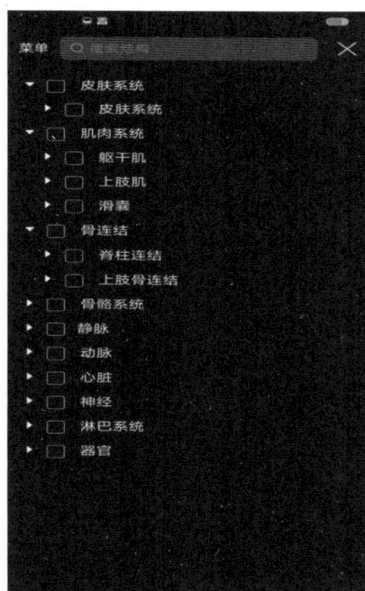

图 6 – 16 "菜单"显示页面

⑧返回胸的 3D 模型，点击其中的一块骨骼，再点击"T_T"按钮，即可显示该结构的文字解析，如图 6 – 17 所示。

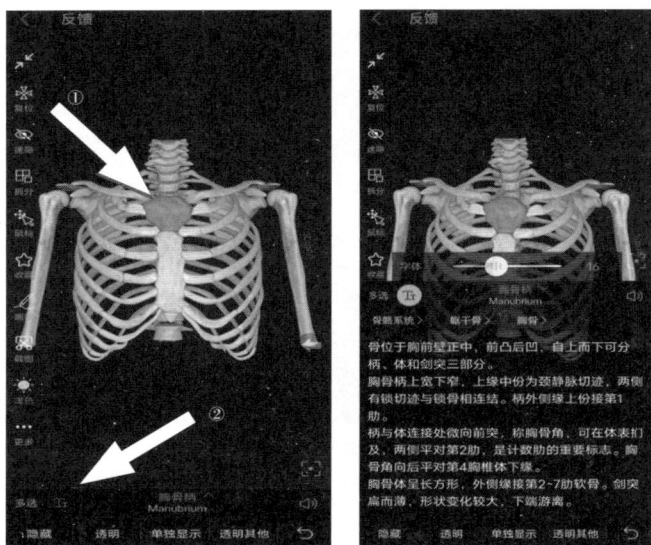

图 6-17   显示结构文字解析

⑨返回胸的 3D 模型，点击模型中心，可观察 3D 模型。点击左侧操作栏中的"复位"按钮，即可返回模型正面，如图 6-18 所示。

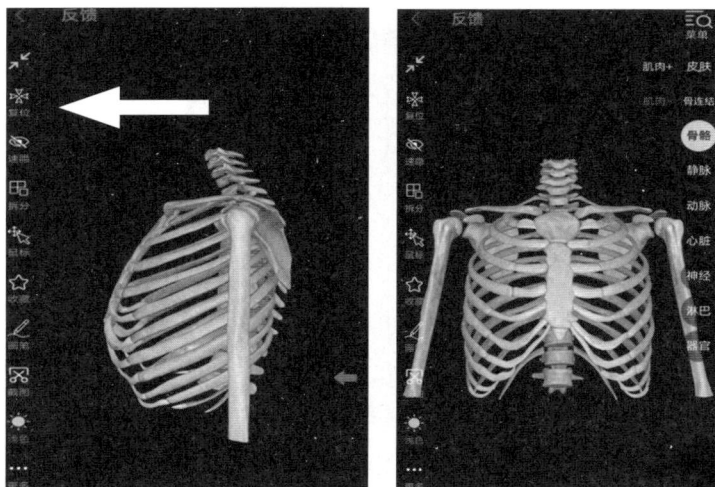

图 6-18   "复位"按钮用法

⑩点击左侧操作栏中的"速隐"按钮，再点击需隐藏的骨骼，即可隐藏结构。点击"速隐"按钮右侧的 ⟲ 按钮，可返回上一步，如图 6-19 所示。

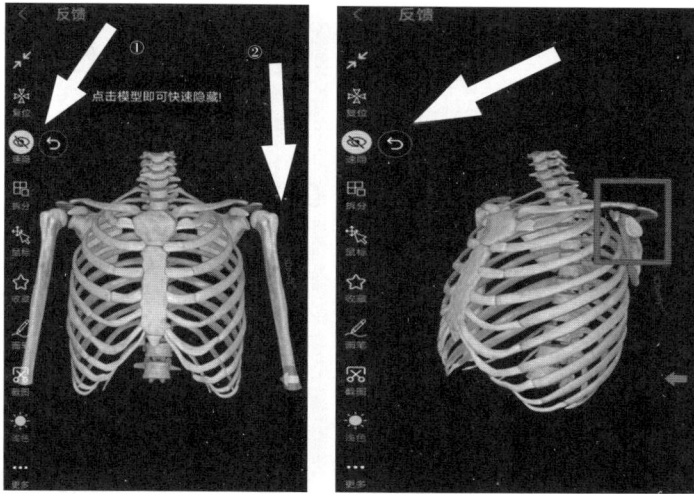

图 6 – 19　　"速隐"按钮用法

⑪点击左侧操作栏中的"拆分"按钮，再点击所需拆分骨骼，即可拆分结构。点击 按钮，可返回上一步，如图 6 – 20 所示。

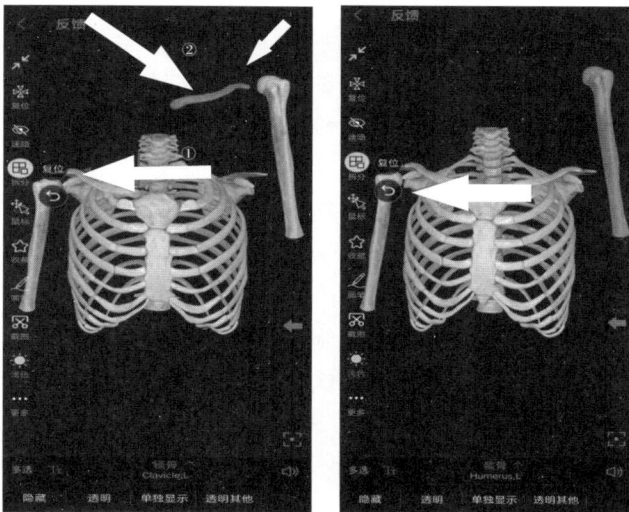

图 6 – 20　　"拆分"按钮用法

⑫点击左侧操作栏中的"鼠标"按钮，可查看该骨骼详情，如图 6 – 21 所示。

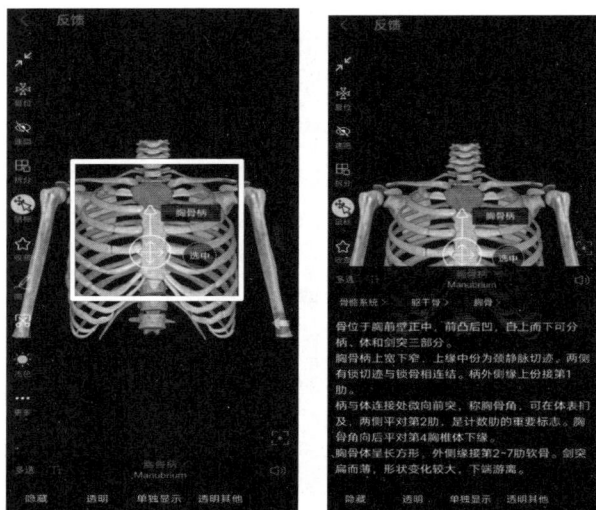

图 6 – 21 "鼠标"按钮用法

三、 教学研究

突破时空限制的掌上实验室①

生物学是一门以实验为基础的自然科学，生物实验是高中生物教学的重要组成部分，实验教学可以让学生对教材中的抽象知识有直观的体验，提高对抽象知识的理论认知，但在实际教学中往往出现各种状况，导致不仅没有出现预期实验结果，还因为生物实验需要各种生物材料，实验结束后桌面到处是各种菜叶、花生等。在实验前，学生注意力大多停留在桌面的实验用具、材料和试剂上，难以专注于老师的讲解，导致实验过程中学生不知从何做起，便会乱操作，造成动手操作的有效性低。学生取试剂和材料的时候往往挤成一团，热热闹闹过去，不仅没获得操作技能，还对实验过程的规范性一无所知，大大影响教学效果。

将"虚拟实验"App 应用于生物教学不仅可以节约实验成本和时间，还具有很高的可控性和可重复性，可多次重复实验，同时还避免了部分实验中的危险，比如避免接触具腐蚀性的药品，如盐酸、丙酮等。

"虚拟实验"App 中，如果没有规范操作，就没法进行下一步，比如拿取镊子、胶头滴管后必须放回原位，否则无法进行下一步（见图 6 – 22），这样可以严格规范学生的操作，弥补了现实中老师强调了各实验步骤、注意事项后学生还

---

① 本文为汕尾市林伟华中学卓海燕所作。

是胡乱操作、状况百出的不足。

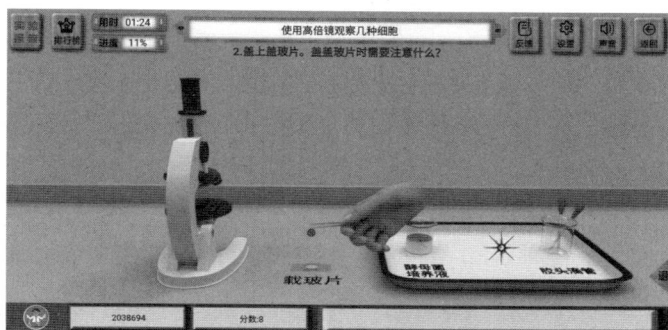

图 6-22　App 中提示将镊子放回原位

　　在"虚拟实验"App 上操作可以让学生掌握生物实验技巧。如在制作花生切片检测脂肪的实验时，教师在台上演示如何切取花生，学生在底下看不到细节，而且学生切花生时常常将切片切得很厚，导致观察不到实验结果，也容易割伤手指。而在"虚拟实验"App 中，学生可以通过点击鼠标实现用刀片切花生，不会出现上述情况（见图 6-23）。此外，在实际操作时还会出现学生滴加苏丹Ⅲ染液后直接加酒精并观察，或者没有染色成功，导致观察不到实验结果的情况，而在"虚拟实验"App 中，滴加染液后必须用吸水纸吸取后才能滴加酒精，严格规范了实验操作。

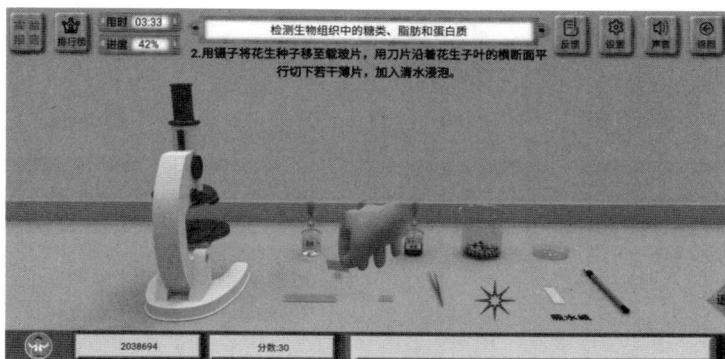

图 6-23　检测生物组织中的脂肪

　　在"虚拟实验"App 中，如果操作错误会有提示（见图 6-24），弥补了现实实验中学生操作出现错误而教师无法兼顾到的不足。

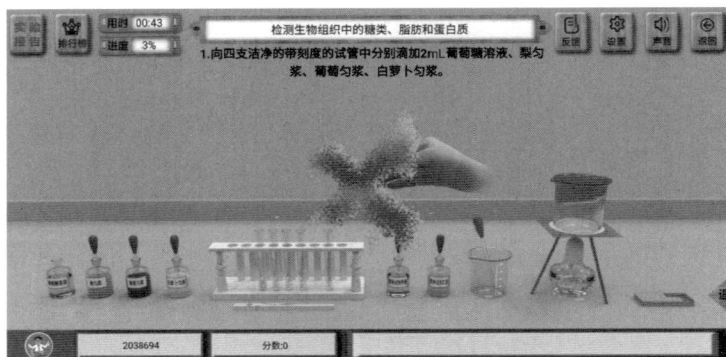

图 6 - 24　错误操作会提示

　　在"虚拟实验"App 中,每个实验均会设置几个关键问题(见图 6 - 25),没有答对不能过关,这有利于学生思考,更好地理解实验步骤和实验原理,以及思考实验过程中出现的问题。

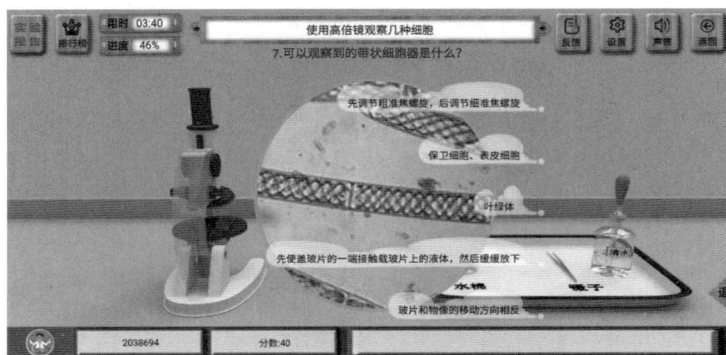

图 6 - 25　每个实验均设置几个关键问题

　　"虚拟实验"App 中的实验结果清晰可见,而且有调节清晰度前后的对比,能让学生明白调节细准焦螺旋的重要性。在观察细胞质的流动实验时,细胞质流动现象清晰可见(见图 6 - 26),弥补了实际实验中将黑藻叶暴晒后看不到细胞质流动现象的不足。

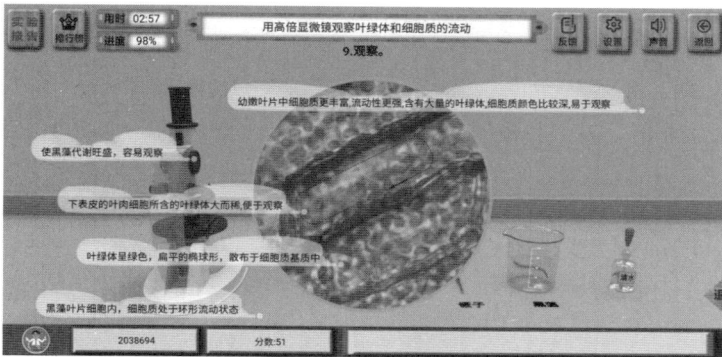

图 6 – 26　细胞质流动动态过程清晰明了

　　"虚拟实验" App 还可以安装在班级电脑里，有利于学生提前知晓实验步骤、操作流程、操作规范，或者课后巩固已经操作过的实验。

　　但是，在"虚拟实验" App 中也发现了一些错误的地方，比如在性状分离比模拟实验中，两种不同颜色的彩球不是代表雄、雌配子，而是代表两种不同的遗传因子，如图 6 – 27 所示。

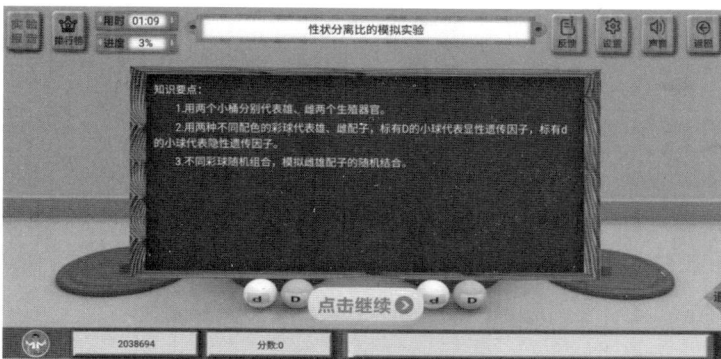

图 6 – 27　性状分离比模拟实验中出现的一些错误

　　此外，如果"虚拟实验" App 能够灵活地调整实验条件，得出不同的实验结果，进行相应的创新实验，就更有利于培养学生的科学素养和创造思维。

第七章

政治学科工具

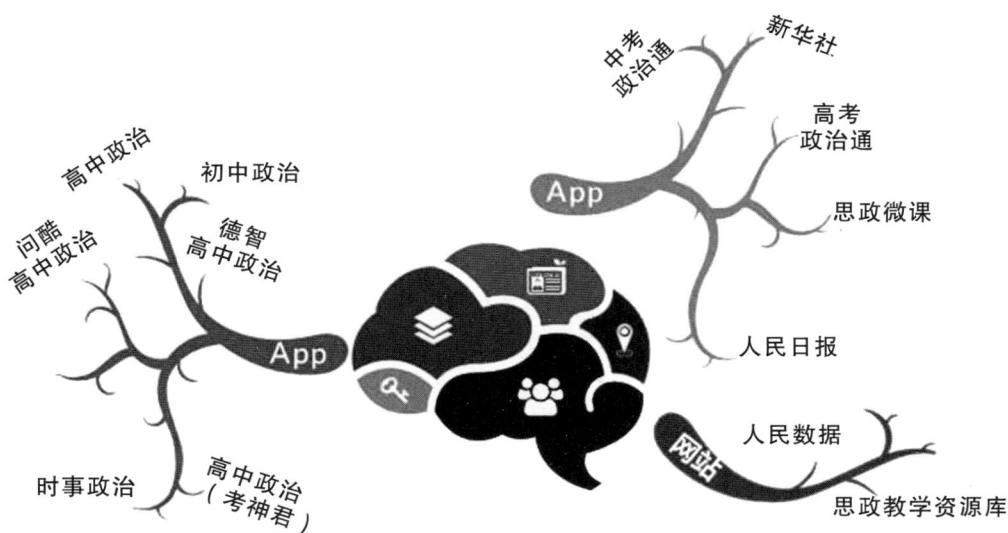

中考
政治通　　新华社

高考
政治通

思政微课

问酷
高中政治　高中政治　初中政治

德智
高中政治

App

App

人民日报

人民数据

网站

时事政治　高中政治
（考神君）

思政教学资源库

一、 学科基本情况

政治学科是一门研究人类社会经济、政治、文化以及人类思想的科学，关系着我们生活的方方面面。我们通过学习政治，可以对自己的生活更具有掌控力，在人生大方向的决策上，不容易出错。

新的时代背景下，思政课教学面临纵向与横向的双重挑战。纵向上，新时代蕴含着新矛盾，提出了新的改革要求，主要矛盾的新变化必然会在学生的思想意识层面有所反映。不同年级、不同年龄段的学生所处的外在环境不同，接收的社会思想观念也不同，因此滞后于学生思想动态变化的统一教材难以满足学生的现实需要，这对教师教学提出了新的要求。而教师在实际教学中往往形成对既有教学资源的依赖，没有对学生进行年级和年龄上的分类、对教学资源进行及时的更新整合，从而形成"传送带"式的教学模式。横向上，不同专业背景的学生对思政课的兴趣有异、接受能力不同、对知识的吸收程度千差万别。与辅导员相比，教师缺乏了解学生思想问题的沟通渠道，备课时难免忽视学生的主体性诉求、教学中没有充分激发学生的参与热情、课后没有重视学生意见的总结备案，因而难以对不同专业的学生进行有针对性的教学，以致学生在教学过程中表现出碍于课程学分考核的硬性标准而对教学保持"礼貌性地关注"，得到的只是对理论知识记忆性的浅层"获得感"。总体而言，教师并没有深入地了解学生，难以实行有针对性的教学实践。

思政课在小学阶段名为"道德与法治"，涵盖了价值观教育、品德、社会教育、历史、地理、心理学、军事、国际关系、法律等内容，可以说包罗万象。在中小学思政课堂中，传授方式僵化，传授者知识面受限，毕竟"传道有先后，术业有专攻"。传授方式缺乏创新，导致学生缺乏学习的积极性和乐趣。

中学思政课教师大多一上课就给学生画重点、考点，教学枯燥乏味，学生死记硬背以应对考试；还有一种"作秀"老师，用影视、歌舞等形式喧宾夺主，或以"鸡汤""段子"哗众取宠，热闹过后，学生感觉什么也没有学到。教师在教授知识的过程中没有结合学生的生活实际，学生无法学以致用。教学工作的实际开展受到传统教育理念影响，往往以教师口授和板书形式为主，教师在课堂中具有绝对的权威性和主导地位，而学生作为被动的知识接收者，常因自身学习兴趣不足，影响课堂教学质量。

在当下信息技术迅速发展的时代，把科技融入课堂教学往往有意想不到的收获。思政课教学要立足于学生和教师身边的生活故事，这样学生容易参与，也能引起共鸣，产生良好的教学效果。同样，思政课的功能决定了教师也要关注国家生活、社会生活，充实学生感兴趣的教学素材。学生喜欢教师结合教材，对时政热点做深入分析、解读。这些做法活跃了课堂气氛，丰富了教学内容，使理论"接地气"，增强了思政课的亲和力和针对性，从而取得良好效果。教师将新技术、新工具等信息技术在教学中合理运用，这能更好地"突出重点"和"突破难点"，还能激发学生的学习兴趣，促进学生的学习和交流。下面整理了一些功能强大、简单实用的学科教学工具，供教师参考选用。

二、 学科工具

（一） 精品应用

初中政治	工具类型：App 工具简介： 涵盖初中政治所有知识点，完全免费，所有功能均可离线使用	高中政治	工具类型：App 工具简介： 是一款面向选择高中政治的学生、针对政治学科专项学习的辅导软件
德智 高中政治	工具类型：App 工具简介： 是一款移动微课程学习应用，涵盖政治教材各章节的知识点，契合大纲要求，有易错点解析、真题讲解	问酷 高中政治	工具类型：App 工具简介： 是一款根据高中年级分布所学的全部政治知识点进行同步练习的应用软件
高中政治 （考神君）	工具类型：App 工具简介： 精选高考政治真题及模拟卷题型，还有智能复习闯关模式，辅助重难点知识背诵	中考 政治通	工具类型：App 工具简介： 包含初中政治学科所有的中考知识点详解，可以同步练习初中政治各版本教材的试题

高考 政治通	工具类型：App 工具简介： 包含高中政治学科所有的高考知识点详解，可以下载复习资料和高考试卷，还有名师讲解	时事政治	工具类型：App 工具简介： 拥有大量时事政治题库和视频解析，提供充分的复习准备
思政微课	工具类型：App 工具简介： 是一个提供高校思政类视频课程的教辅资源数据库	是人民日报	工具类型：App 工具简介： 是人民日报社在全媒体时代开设的网络信息窗口和优质内容平台
新华社	工具类型：App 工具简介： 了解时政热点，汇聚新华社重大时政新闻、热点报道等资源	人民数据	工具类型：网站 网址：https：//data. peo-ple. com. cn/ 工具简介： 依托人民日报、人民网的信息资源，是当下最权威、最全面的党政时政信息大数据库
思政教学资源库	工具类型：网站 网址：https：//www.kechengsizhengcn/login.html 工具简介： 服务于高校"课程思政"学科资源建设，提供包括时政热点、国家发展专题、全景思政等资源素材		

（三）　中学工具推荐

初中政治

（1）工具概述。

初中政治是一款中考复习的提分利器，其中有精选历年中考真题、中考模拟等题型，更有智能复习闯关模式，帮助加强记忆政治重难点知识，让学习变得更有趣。将精选习题、易错本、笔记本、自学视频四大模块科学分类，让学习者思绪更加清晰，刷题更加事半功倍！

（2）初中政治的使用方法。

①打开手机应用市场，输入关键词"初中政治"，可免费下载这款 App。

②打开"初中政治"App，进入主页面，如图 7-1 所示。

图 7-1　"初中政治"主页面

③主页面整体采用简单的布局排版，让你轻松一目了然找到自己想要的板块，根据需求，点击"学习""视频""速效提分"即可使用，如图 7 - 2 所示。其中，"视频"和"速效提分"均需要开通会员购买方可有效使用。

④退出操作说明：若打开任意一个板块，点击左上角"×"即可退出界面，如图 7 - 3 所示。

图 7 - 2　主页面导航栏　　　　　图 7 - 3　退出界面

⑤轻触"学习"板块，可以进行与初中政治课本同步的知识点内容的学习，如选择"走进法治天地"板块，如图 7 - 4 所示。

⑥进入"走进法治天地"板块后，我们可以看到有五个重难点题型，包括概念定义题、基础题、拓展题、核心考点题、精选易错题，如图 7 - 5 所示。

图 7 - 4　选择"走进法治天地"板块　　　图 7 - 5　重难点题型

⑦进入"概念定义题"闯关模式，即可参与完成配套练习题。遇到自己拿不准的题目还可以点击左下角的收藏，方便日后复习。选择答案后系统会即刻提

供解析，学生可根据错题解析做好笔记，掌握知识点，如图 7-6 所示。

　　⑧完成测试。全部作答后，系统会自动生成报告，如图 7-7 所示。

　　⑨点击"视频"板块，选择"政治"后，即可点击任一章节观看视频，课前、课后均可学习，有效巩固复习课堂知识，如图 7-8 所示。

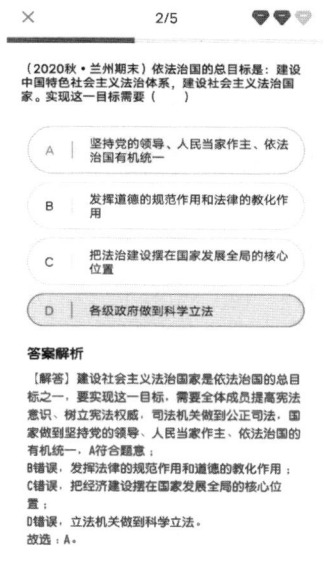

图 7-6　闯关模式　　　　图 7-7　生成报告　　　　图 7-8　"视频"板块

高中政治（考神君）

　　（1）工具概述。

　　高中政治（考神君）精选高考真题、高考模拟等题型，还有智能复习闯关模式和三大题型实战模拟，同步高考重难知识点，利用多种复习教辅工具，帮助学生利用碎片化时间学习，打造轻松学习的智能做题工具。

　　（2）高中政治（考神君）的使用方法。

　　①打开手机应用市场，输入关键词"高中政治（考神君）"，可免费下载这款 App。

②打开"高中政治（考神君）"App，进入主页面，如图 7-9 所示。

③主页面有高考倒计时和目标分数等智能辅助工具，更有错题本、笔记本来合理归类每一次做题记录，板块分为"刷题""视频""高效提分""我的"，如图 7-10 所示。其中，"视频"和"高效提分"均需要开通会员购买方可有效使用。

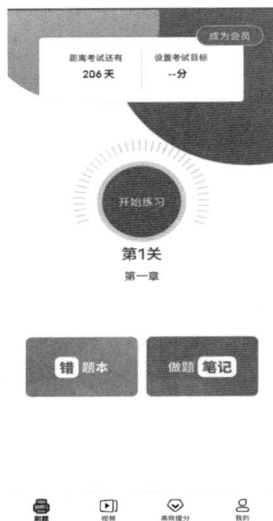

图 7-9 "高中政治（考神君）"主页面

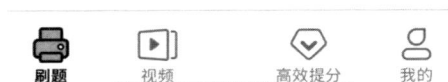

图 7-10 主页面导航栏

④退出操作说明：若打开任意一个板块，点击左上角"×"即可退出界面。

⑤点击"刷题"板块，进入答题闯关模式，系统智能分配各省各市各校历年难题，搭配每一组章节答题即可，还能使用错题精选合集，如图 7-11 所示。

⑥选择答案后，系统会即刻提供解析，还可以添加笔记，方便日后复习，巩固知识点，如图 7-12 所示。

⑦完成测试说明：全部作答后，系统会自动生成报告，如图 7-13 所示。

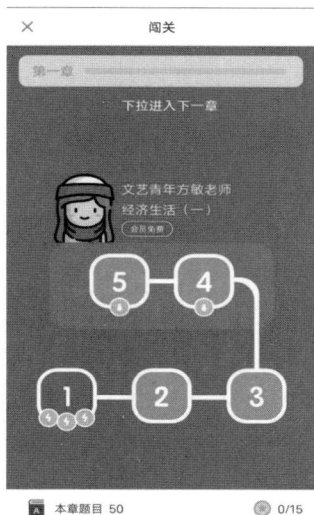

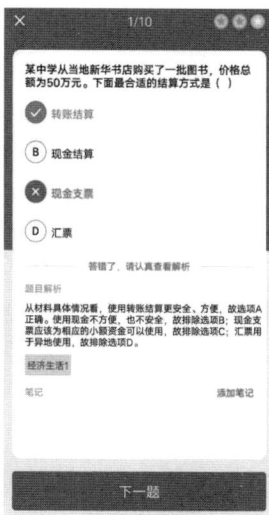

图 7 - 11　闯关模式　　　　图 7 - 12　提供解析　　　　图 7 - 13　完成测试

三、　教学研究

思想点亮温度，技术赋能课堂①

关于道德与法治（简称"道法"）课程资源的开发与利用，《义务教育道德与法治课程标准（2022 年版）》明确提出"重视信息化环境下的资源建设，要精选、整理和加工资源，为促进学生学习方式的转变提供课程资源支持"。这就需要道法教师关注学生的真实生活体验，善于挖掘和利用课内外的多元资源，做到与时俱进，不断优化，让技术的迭代发展赋予课堂教学无限的精彩。那么，如何发挥信息技术在道法学科中的优势，优化课堂教学结构，弥补传统教育的短板，使其成为新的道法教育载体，起到润物细无声的作用，将是我们接下来所要探究的。

1. 道法学科与工具融合的教学趋势

"互联网＋"时代更要求教师与时俱进，不断突破。教师转变传统思想观念，整合信息技术资源，形成德育的整体合力，才能激发学生学习兴趣，凸显学生主体地位。一节生动有趣的道法课堂可以通过合理利用多媒体资源、整合能够提高学生核心素养的素材开展。多种教学工具的应用，可以协助教师创设教学情

---

① 本文为惠来县第二中学林晓铃所作。

境，达到画龙点睛的效果。

2. 道法学科与工具融合的应用

（1）利用多种平台搜集时政素材。

道法学科的特点之一就是时政性，为实现教育的最终目标，应关注当下新闻热点，抓取具有当地特色、能够紧扣时代脉络的素材作为辅助教学的手段。素材的积累是保证课堂有效进行的开端，而利用好各种平台就是一个很有效的途径。

例如在教授部编版教材九年级上册第六课"共筑生命家园"时，笔者利用"惠来事、抖音"搜集当地最新的时事热点设计教学内容，不仅贴近学生生活，还激发了学生学习兴趣（见图 7-14）。为立足学生实际，充分发挥信息媒介的优势，促进学生发展的育人价值，教师还可以利用新闻联播、中小学智慧平台、学习强国、人民日报、B 站、小红书等平台搜集各种相关素材，把握最新时政热点，结合党和国家重大实践和理论创新成果，精选有助于学习活动开展与目标达成的优质资源。

图 7-14　利用 App 下载当地图文素材

（2）智乐园教学平台。

智乐园初中道法数字化教学课件，由教科院指导设计，以教育部教育文件为纲领、以新课程标准为依据、以课本教材为根本、以教学目标为归宿，依据学生基本学情，融入情境式教学，打造体验式、探究式、活动型课堂，并以历年真题为工具，以时政热点、历史史料等素材为拓展，以立德树人为根本任务，帮助教师打造高效课堂。

以部编版教材七年级上册为例，我们可以通过以下步骤实现快速备课：

①下载安装智乐园教学平台，登录后打开同步课件。

②选择《道德与法治·七年级上册》即可下载使用。

教师可以通过智乐园教学平台搜集备课资源包（见图 7-15），其中包含教学课件（见图 7-16）、大单元教学设计、预习清单、作业设计、中考真题测评等。平台资源教学课件在活动设计方面，能根据学生基本学情，设计与学生生活非常贴近的探究活动、互动游戏（见图 7 – 17），视频和音频素材，让课堂更加活泼生动。

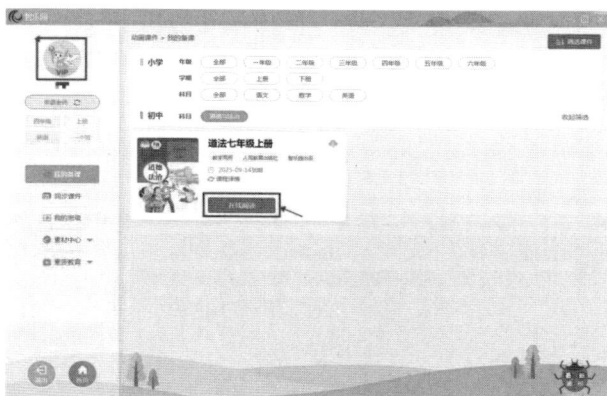

图 7 – 15　智乐园教学平台（教学资源）

图 7 – 16　智乐园教学平台（道法课件）

图 7 – 17　智乐园教学平台（道法教学游戏资源）

（3）利用多种工具制作道法学科视频资源。

在教学过程中避免道法学科"一言堂"的有效方式是利用多种工具设计的教学视频资源。只有充分调动学生参与课堂积极性，改变传统教学方式，才能在提高教学质量方面取得一定成效。

以部编版教材八年级下册第三课为例，笔者利用"Camtasia Studio 9""剪映""万彩动画大师"等软件设计教学视频资源，并将其穿插到教学中（见图7-18），不仅提高了学生学习的兴趣与积极性，还使课堂教学效果得以优化、完善，从而提高课堂教学效率。

图 7-18   "万彩动画大师"设计道法教学资源

合理利用多种工具制作教学视频资源，能够将所要传授的知识直观化、形象化、具体化，特别是采用真人出镜、动画创作（见图7-19）的主题微视频，能够激发学生自主参与的欲望，让课堂变得生动有趣，为学生培养合作探究精神提供了良好的环境。

图 7-19   对小品视频进行裁剪，添加字幕和动画特效

　　新教育时代下的道法课堂需要融合信息化工具，建立起一种开放、动态化的教学课堂，通过合理运用多媒体技术和网络资源，有效提升教学质量，增强学生的学习动机和学习兴趣，培养其综合能力和创新精神。未来的教学实践中，教师应不断探索和实践，将信息技术与道法课程深度融合，优化教学过程，给学生创造更好的学习环境，提高道法课堂的质量。

第八章

历史学科工具

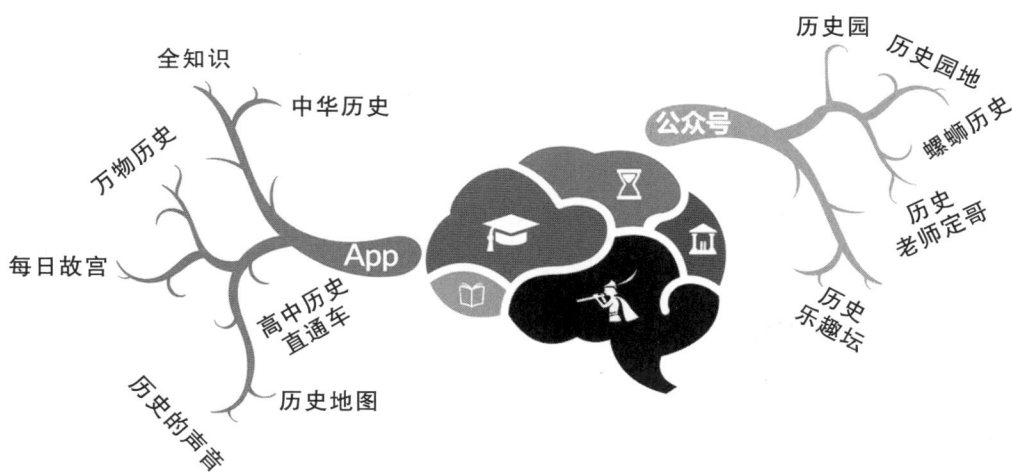

全知识

中华历史

万物历史

每日故宫

App

高中历史
直通车

历史的声音

历史地图

历史园

历史园地

螺蛳历史

公众号

历史
老师定哥

历史
乐趣坛

一、 学科基本情况

历史是一门思想性、知识性和趣味性很强的学科，是综合素质教育的重要组成部分，在素质教育中肩负着重大的社会责任，其教育结果直接影响学生的知识结构体系，也是促进学生自我教育的重要媒介之一。

小学是对学生进行历史启蒙教育的重要阶段，是对学生进行成体系的历史教育的起始点。让学生从儿童时期接触基础的历史知识，让他们了解最基本的历史常识，对人类社会历史发展的过程有一个大概的认知，简单了解历史上一些重大历史事件和人物，从而为认识人类社会发展史的学习打下基础；同时有利于小学生学会用正确的历史观分析问题、解决问题，培养学生的爱国热情，传承和弘扬中华优秀传统文化，最终建立民族自信心与民族自豪感。

小学阶段的学生，年龄介于 6 ~ 12 岁，心智还没有成熟，对世界认识处于懵懂阶段。若是单纯通过构架完整的历史课程来系统地对学生进行教学，要达到学生对基础历史知识有所理解的目标，难度是很大的。历史远离儿童生活世界，小学生理解能力差，对历史知识的掌握有一定困难，容易产生畏惧和厌烦心理，这些都对教学效果有很大的影响。因此，小学历史教学必须借助一些直观教具，才能顺利地开展。教师应注意搜集和利用历史图片、地图、音视频等，增强教学的直观性。运用直观演示法可以帮助教师将历史事件和人物讲得准确、明白、具体、生动，同时调动学生的视听器官，使学生通过观察获得知识，结合感性材料和理性认识将书本知识和实际事物联系起来。

历史知识软件"万物历史"，以时光轴的方式配合动画，帮助学生以直观的方式观察地球上万物的进化历程，以及历史的里程碑，能够带领孩子探索历史，理解世界的趣闻，感受世界文化的魅力，帮助学生形成深刻的历史概念，引起学生的兴趣，集中学生的注意力，发展学生的形象思维能力。

"每日故宫"App 适用于三岁以上的人群，这款 App 类似日历，每天推送一件故宫藏品，部分文物还有工艺要点和背景介绍。当学生翻阅故宫里的一件件国宝，"每日故宫"将告诉他们中华文明的源远流长，启迪他们对中华之美的感受，记住中国人自己的美。通过"每日故宫"App，学生在生活中就能观察、学习到有关传统文化的点点滴滴，这样可以真正浸润学生的心灵，使其理解中华文化的内涵，进而从内心去学习和尊重他国的文化和习俗，从而达到一种"君子和而不同"的境界。

中学历史课在中学教育中占有重要地位。现阶段，中学历史教学存在课时数量不足、历史教材结构和教学模式单一、历史教学与学习之间失衡等问题。

随着新课改的推进，教师要更加重视学生自学能力的培养，这样可以提高学生独立思考的能力，但这也使得每一堂课的容量大大增加，导致现有的课时无法满足需求。我国高中历史教材普遍采用模块化的编排方式，如果教师每一堂课都是按照既定的"学生读—教师讲解—学生记忆"的顺序，长此以往，学生会觉得单调乏味，对历史课失去兴趣，没有了学习热情。现行高中历史教材相比课改前的教材在内容上做了很大的改动，在难度、深度、评价方式等方面都有很大的变化，这无形中给学生增加了学习的压力，造成了教学与学习之间的失衡。高中教材涉及面很广，包括地理、物理、政治、宗教、艺术等各个方面，学生需要掌握的内容多了，学习任务加重了，记忆的时候就很容易混淆。

中学教师应转变教学理念，熟悉新课程标准，做到与时俱进，在掌握历史专业知识的基础上，理清教学思路。教师还可对教材内容进行补充和完善，删除不必要的部分，尽可能地将课堂上的时间充分利用起来。"历史乐趣坛""螺蛳历史""历史园地"等公众号以及"历史的声音""历史地图"等 App，汇集了大量中学历史免费配套课程课件、微课资源、思维导图、在线试题、历史电台、备考材料、试题分析等优质资料，研究中学历史、中高考历史命题的基本规律，分享试题分析和命题预测等，提供满足预习、教学、复习各阶段的学习素材和资料，帮助教师提高教学质量和教学水平，帮助学生提高学习热情、学习效率以及应试能力。

二、 学科工具

（一） 精品应用

	工具类型：App 工具简介： 是一款历史知识软件，整合了历史事件、国学经典、诸子百家、唐诗宋词、成语典故、民间谚语等详细介绍，可以免费看《论语》《资治通鉴》等经典著作		工具类型：App 工具简介： 是一款以时空关系为表达特性来向用户呈现历史知识的产品，拥有全历史时间轴、时间地图、关系图谱、国别史、全画作等诸多功能特色
中华历史		全知识	

万物历史	工具类型：App 工具简介： 是一款历史知识软件，带领孩子探索世界，理解世界的趣闻，感受世界文化的魅力。以时光轴的方式配合动画，帮助孩子以直观的方式观察地球上万物的进化历程，了解历史的里程碑	每日故宫	工具类型：App 工具简介： 是故宫博物院官方出品的一款软件，让使用者在欣赏文物的同时，还能学到历史知识
历史的 声音	工具类型：App 工具简介： 是一款历史学习软件，帮助用户更加全面地了解中国古代各朝代历史	历史地图	工具类型：App 工具简介： 是一款搜集了古今中外静态历史地图图片资源，且内附大量史料文集的软件
高中历史 直通车	工具类型：App 工具简介： 是立足高考考纲，从知识点归纳、解题技巧、线索贯穿、名词释义、真题演练、影视狙击等方面打造的一台全方位、有重点、点面结合的高考历史直通车，助考生在高考中扬帆起航，成绩节节高	历史园	工具类型：公众号 工具简介： 汇集网上初高中微课资源，为广大中学生提供学习素材和资料

	工具类型：公众号 工具简介： 分享各种精品课件、备考材料、试题分析等优质资料		工具类型：公众号 工具简介： 内含中学历史部编版教材配套学习课程，提供满足预习、教学、复习各阶段需求的视频课堂和学习资料
历史园地		螺蛳历史	
历史老师定哥	工具类型：公众号 工具简介： 分享大量高中历史、高考历史笔记、高分技巧、答题模板、大事年表、免费课程、思维导图、在线试题、每日一练、历史电台等优质资料	历史乐趣坛	工具类型：公众号 工具简介： 研究高中历史、高考历史命题的基本规律，分享试题分析和命题预测等，帮助教师提高教学质量和教学水平，帮助学生提高应试能力

（二）　小学工具推荐

万物历史

（1）工具概述。

万物历史是一款历史类的百科学习软件，以时光轴的方式配合动画的效果生动地展示了历史的里程碑以及社会万物的变迁发展。该软件以趣味的方式，让用户更加直观地了解地球亿万年间的演变与万物的起源时间，直观地了解宇宙变化，一览人类历史发展轨迹等。

（2）万物历史的使用方法。

①打开手机应用市场，输入关键词"万物历史"，可免费下载这款 App。

②打开"万物历史"App，进入主页面，我们可以看到软件将宇宙的历史分类为"宇宙的诞生""地球上的生命""共同时代"三大部分，如图 8-1 所示。

图 8 - 1 "万物历史"主页面

③点击任一部分，又细分有几个主要的部分。如点击第一部分"宇宙的诞生"，可以看到该部分细分为"大爆炸""太阳的诞生""地球的诞生""晚期重轰炸"四个部分。点击其中任一部分，如点击"地球的诞生"，进入时间轴，可以看到这一事件发生的时间。点击时间轴上的事件，如点击"地球诞生了"，可以详细了解关于地球诞生的相关知识，如图 8 - 2 所示。

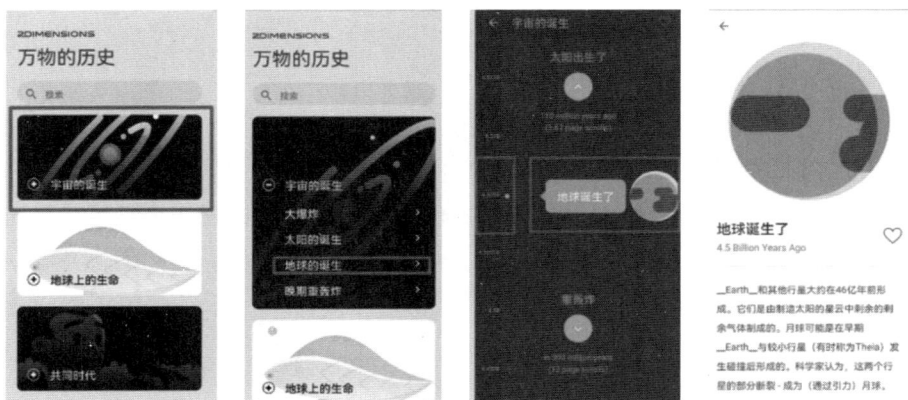

图 8 - 2 "宇宙的诞生"页面

④还可以点击主页面的搜索框，输入想要搜索的历史名称。如搜索"罗马帝国"，可以获取罗马帝国在时间轴中的位置。点击时间轴中的罗马帝国，可以获取关于罗马帝国的历史简介，如图8-3所示。

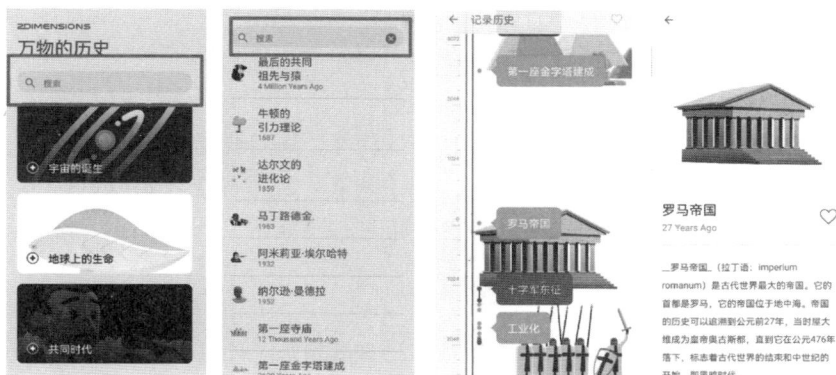

图8-3 用搜索框搜索

⑤上下滑动或者任意缩放时间轴上面的历史事件，历史事件会随着缩放消失或出现，如图8-4所示。

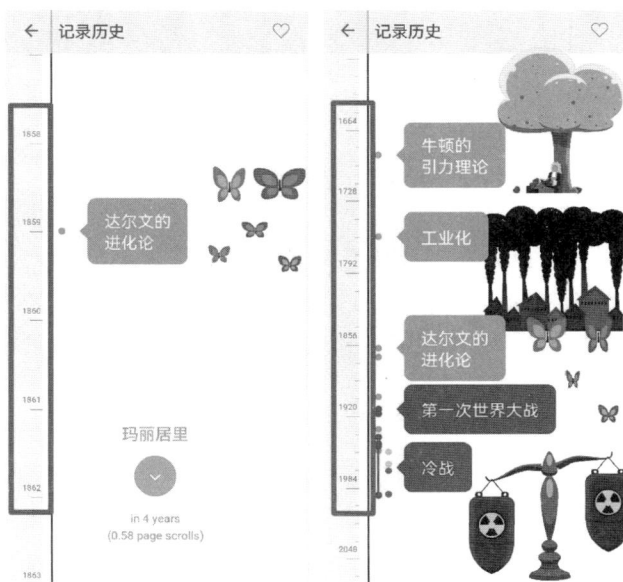

图8-4 上下滑动或缩放时间轴

每日故宫

（1）工具概述。

每日故宫是故宫博物院官方出品的一款软件。每日甄选一款馆藏珍品，让用户宛如同游宋元山水，共访禁城别苑，探寻皇家日常那些令人惊叹的细节，感受传世珍品不竭的历史生命。在欣赏文物的同时，还能学到历史知识，适用于所有对文物感兴趣的人群。

（2）每日故宫的使用方法。

①打开手机应用市场，输入关键词"每日故宫"，可免费下载这款 App。

②打开 App，会出现当天的日期，再点一下会出现今天要展出的文物，一天一个文物。每个文物都可以放大看细节，还可以点击上方的 🖼 图标，查看其历史背景解说，如图 8 - 5 所示。

图 8 - 5　一天一个文物

③退回主页面，点击左上角 📑，里面会有"全部"和"专题"等子目录，可以观看更多文物。点进"全部"选项，可一次性观赏超多藏品。还可以点击左上角的 🔍 图标，按照关键词进行查找，如图 8 - 6 所示。

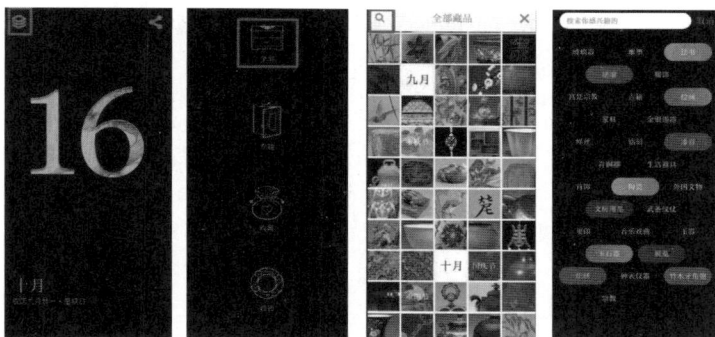

图 8 - 6　"全部"选项

④点进"专题"选项，会看到不同主题的特展。比如点击"点绛涂朱"这个主题，会看见按照不同专题系列展出的藏品，如图 8 - 7 所示。

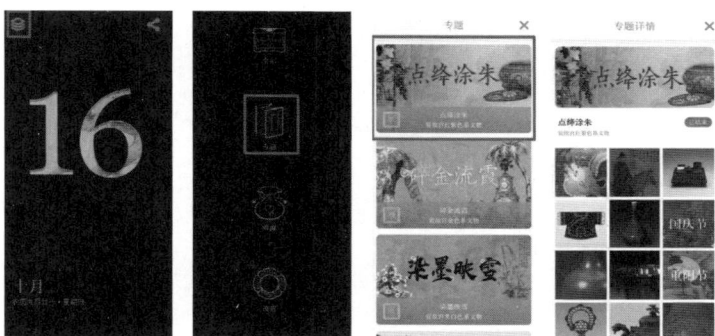

图 8 - 7　"专题"选项

（三）　中学工具推荐

中华历史

（1）工具概述。

中华历史是一款主要讲述中国古代历史的软件，主要包含"中华历史""诗词""国学"三大板块，操作简单，逻辑清晰，总结到位，让历史学习更加有趣便捷。

（2）中华历史的使用方法。

①打开手机应用市场，输入关键词"中华历史"，可免费下载这款 App。

②打开"中华历史"App，进入主页面，在主页面，我们看到"中华历史""诗词""国学"三大板块，如图 8 - 8 所示。

图 8 - 8　"中华历史"主页面

③首页包含了夏、商、周等二十个朝代的选项。选项里面包含了各个朝代的经济、文化、军事、疆域的基本情况。比如对于隋朝，软件会从政治、经济、文化、军事、疆域来介绍。例如，政治上，会列出隋朝的政治大事，并针对每个事件来介绍；经济上，会从农业、手工业、商业等各方面经济情况来介绍隋朝，如图 8 - 9 所示。

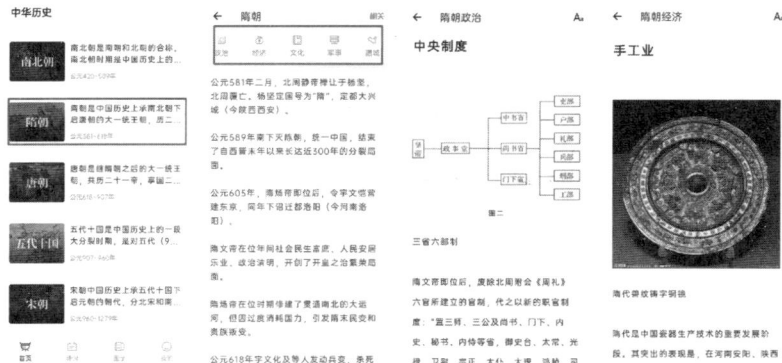

图 8 - 9　"中华历史"选项

④返回首页，点击进入上栏"战争"选项，会发现其中分为古代战争、近代战争、抗日战争、外国战争四个大类，我们可以看到软件里有很多著名的战争，点进其中一个历史事件，会从历史事件的起因、经过、结果等方面进行详细介绍。还可以点击右上角的 🔍 图标，输入想要搜索的历史事件的相关关键词进行搜索，如图 8 – 10 所示。

图 8 – 10　"战争"选项

⑤返回主页面，选择"诗词"功能选项，里面会有"一句""一首""分类"三个小选项，其中"一句""一首"是诗句、诗歌卡片，"分类"选项可以按照作者、朝代、选集等进行诗词歌赋的检索，如图 8 – 11 所示。

图 8 – 11　"诗词"选项

⑥还可以点击右上角的 🔍 图标，输入想要搜索的诗歌名称。如搜索"将进酒"，里面不仅有正文，还有注释、翻译和赏析，如图 8 – 12 所示。

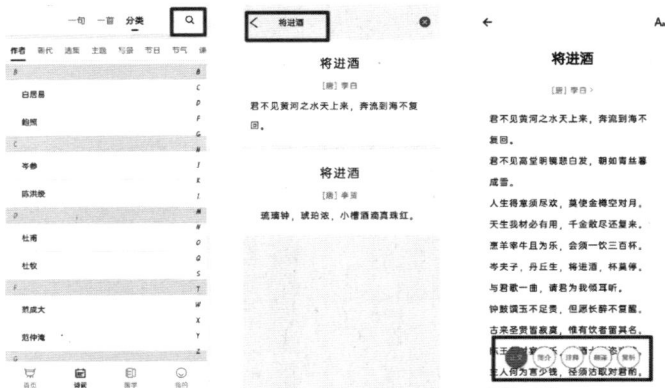

图 8 – 12　"诗词"选项（诗词搜索）

⑦返回主页面，选择"国学"功能选项，会看到里面从诸子百家、唐诗宋词、成语典故、民间谚语、经部、史部等来分类介绍古代经典。例如点进"《论语》"，左边是简介，右边是目录，子目录里点进去会有完整的文章。还可以点击右上角的 🔍 图标，输入想要搜索的国学篇目名称，如图 8 – 13、图 8 – 14 所示。

图 8 – 13　"国学"选项

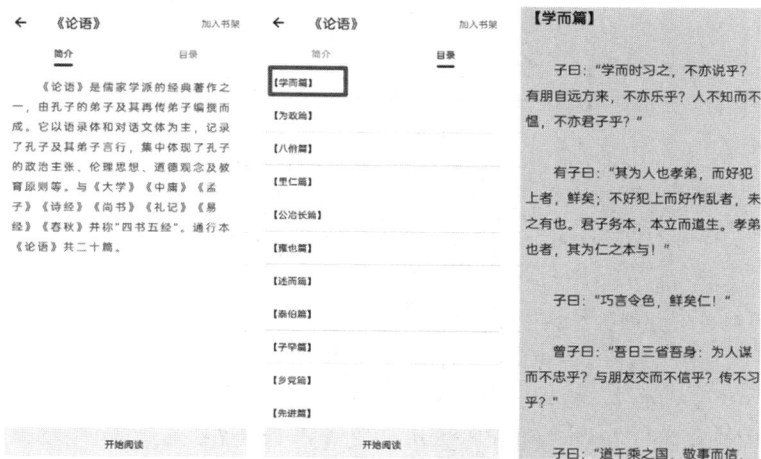

图 8－14 "国学"选项（具体篇目）

三、 教学研究

玩转历史课堂网络学习空间
——以小组合作学习模式为例①

回顾新冠疫情期间"停课不停学"时期，教育界迎来了巨大的考验，以传统课堂教学为主的教学现况将如何做出改变以应对此种形势？在线上试教的过程中暴露了现代化教育存在的弊端，线上教育系统堵塞、教师缺乏教学创新能力、学生自主学习能力较差……宅家教学的时光，笔者愈加思考要如何为学生创造具有个性化的初中网络历史学习空间，试图"留住学生的心"，驻守住笔者与学生的"三尺"云课堂。

1. 网络学习空间构建的背景

网络学习空间是随着信息技术的发展和教育理论不断深化而逐步成长起来的虚拟学习环境，该空间虽然是虚拟的，但其与现实相结合，强调通过工具利用、资源共享和学习者互相交流等达到网络学习空间的使用效能最大化。国外对网络学习空间的研讨早于我国，发达国家向着网络学习空间智能化、个性化的方向发展，其中英国使用网络学习平台的高等教育机构数量逐年增加，超过 70% 的学习者能够使用网络和移动设备开展线上学习，前景比较乐观。

我国在 20 世纪 80 年代就初步提出了发展网络学习空间，往后也不乏对其的

---

① 本文为广州市黄埔区开元学校蔡玄珠所作。

研究成果，但真正落到实处的实践较少。教育部发布的《网络学习空间建设与应用指南》将网络学习空间定义为由教育主管部门或者学校认定的，融资源、服务、数据为一体，支持共享、交互、创新的实名制网络学习场所。教育现代化离不开领导者的政策引领，《国家教育事业发展"十三五"规划》提出的发展主题涉及以教育信息化推动教育现代化，积极促进信息技术与教育的融合创新发展，努力构建网络化、数字化、个性化、终身化的教育体系，形成人人皆学、处处能学、时时可学的学习环境。信息技术使教育更加高效便捷，网络学习空间运用在教学课堂是现代化发展的必然趋势，而后也被教学改革所考虑到。教育部原部长陈宝生认为课堂是教育发展的核心地带，教育改革只有进入到课堂的层面，才真正进入了深水区。我国网络学习空间已经在不断地渗透传统教学课堂，例如翻转课堂、生成性教学、在线教学等的运用，这并不意味着完全推翻传统课堂，而是更多具有可行性的线上线下教学模式被探讨。

2. 网络学习空间下的小组合作学习模式的可行性

教师要保持线上教学的活力，就要注入创新源泉，利用网络学习空间弹性化的特点，尽可能地挖掘学生的学习动力。笔者坚持以生为本，致力于线上初中历史教学创新课堂实践，认为可以在线上学生个体学习的基础上打破物理空间的限定，组建学习小组，自主建构起知识空间。王竹立在经典建构主义的基础上诠释了适应网络时代的新建构主义，其核心理念为"情境、搜索、选择、写作、交流、创新、意义建构"，并提出了包含分享、协作、探究和零存整取四个关键词的新建构主义教学法。学生在特定的网络学习空间里自主地探索知识，协作交流，并整取建构起自己缺漏的学习空间，具有较大的灵活性和个性化学习特点，这便是其不同于线下教学之处。通过以上网络学习空间的特点分析，并结合自身的教学实践探索，笔者认为基于网络学习空间下的小组合作学习模式具有一定的可行性。笔者将通过"教师—学生个体—小组"三者的关系来分析如何建构该学习模式，如图 8 - 15 所示。

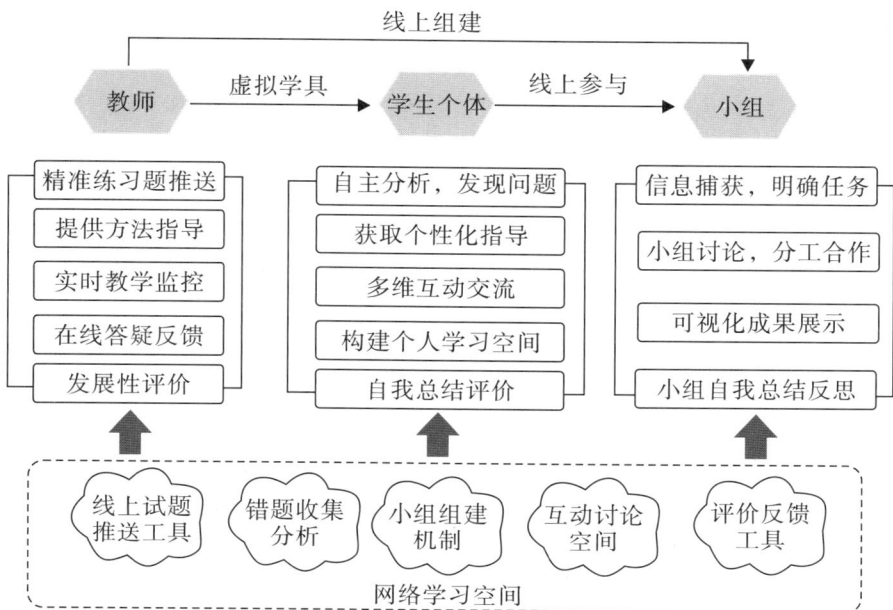

图 8 - 15　基于网络学习空间下的小组合作学习模式设计示意图

首先，点对点推送学习任务。教师分析学情，明确教学设计目的，例如在练习课的教学设计中精准挑选试题，通过线上试题推送工具将其推送给学生个体，让其按时完成，做到有针对性教学。

其次，后台双向呈现错题分析给师生，学生个体自主分析错题，教师给予适当的方法指导。在此期间，教师需注意引导学生自我思考，自我发现存在的知识遗漏，为小组合作讨论打下基础。针对不同个性的学生，教师给予不同的学法指导，而不是将答案满堂灌。

再次，教师基于网络平台组建线上学习小组，并发布小组学习任务，强调小组纪律，实时监控小组运行情况。各个小组捕获重点信息，明确小组合作学习任务，小组长建立互动讨论空间，生生、师生形成多维的互动交流空间，在此期间，学生个人逐渐形成自己的学习空间。陶行知先生生动地指出要解放学生的嘴，使他们能谈；小组合作学习模式就是让学生能谈、会谈、多谈，在交流中获益。

最后，各个小组合作形成可视化的成果，并将其在网络交流平台上展示出来。例如由学生给学生讲授错题，教师在线参与答疑反馈并推动整个活动流程，这是整个教学活动的重要过程，是学生自主学习能力的表现，也是学情的反馈，教师可以就此有针对性地给出学生后续的发展性评价。学生个体和小组都进行总结评价，反思不足，学生学习能力进一步地深入发展。

3. 小组探讨，生生授课——线上初中历史练习课堂实例

部编版历史八年级下册属于中国现代史范畴，涉及较多的经济史内容。初中

生的认知范围有限，难以理解农民土地所有制、计划经济、公私合营、家庭联产承包责任制等经济名词。特别是在疫情网课期间，初中生容易产生浮躁的情绪，更容易对此内容产生倦怠感。笔者旨在：一是拓展学生的史料阅读量；二是提高学生的自主解题能力；三是保持学生对历史课堂的兴趣。基于上文对网络学习空间特点的分析，笔者尝试在线上初中八年级历史练习课堂采取小组合作学习模式。

（1）前期准备。

笔者主要使用的网络平台有 QQ 群（作业功能等）、和教育、问卷星、腾讯课堂等，这些都有赖于班主任建构起班级管理空间，并选取其中一个班级创建学习小组，一共 11 个小组，选取 11 个小组长。笔者围绕历史核心素养和学情需要，主要设计了图表类型和解读史料类型的练习题，分别是十道选择题和一道2019 年广东中考综合题。选择题通过问卷星平台发布，学生个体通过 QQ 群作业功能提交综合题，笔者通过后台数据对学情进行实时监控（见图 8 - 16），批改作业给予学生反馈，为小组合作探讨活动作铺垫。

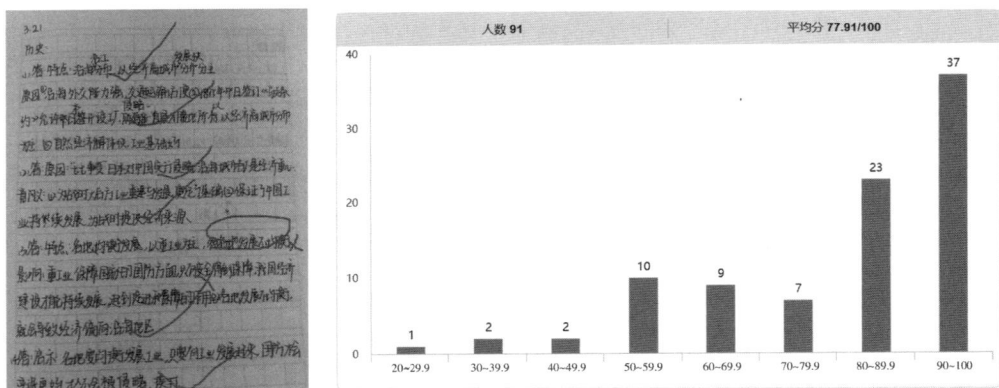

图 8 - 16　综合题反馈和选择题数据分析

（2）小组合作成果展示。

笔者根据前期学生完成作业的情况，布置小组合作学习任务，在 QQ 平台对小组作业进行批改，给予个性化指导，同时分配符合该小组个性的题目，让其合作探讨后派小组代表在腾讯课堂上进行讲解，如图 8 - 17、图 8 - 18 所示。

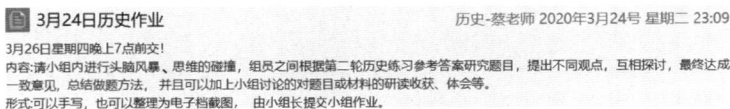

图 8 - 17　小组合作学习任务细则

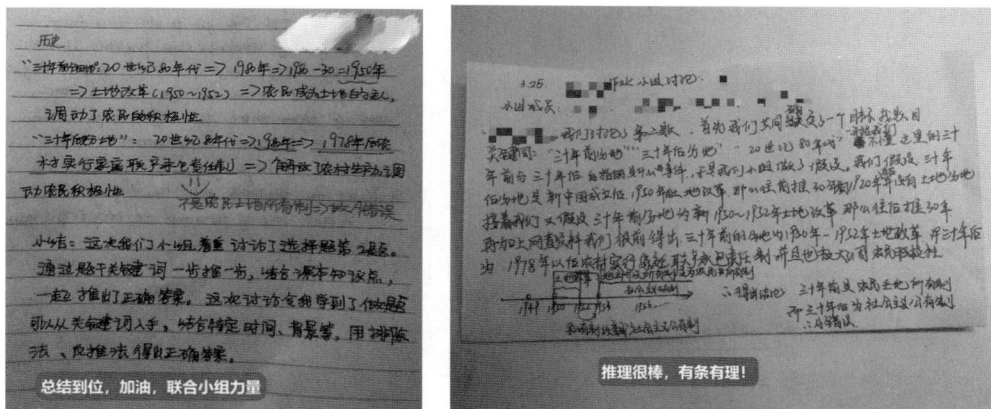

图 8 - 18　小组合作学习模式成果示例

　　笔者基于腾讯课堂，组织各个小组开展"生生"课堂，学生学习热情高涨，纷纷对题目进行讲解，其中笔者主要对学法进行总结，例如：如图 8 - 19 所示，学生根据对该题的讲解，运用排除法可以很快选出正确选项，但学生对"政治"二字较为难理解。孙中山认为政就是众人之事，治就是管理，管理众人之事，即是政治。笔者据此材料展开讲授，拓展学生的阅读量，再举例加深学生对此的理解。

1.中华人民共和国成立初期的土地改革是我国消灭封建剥削制度的深刻的社会变革，具有深远的历史意义。下列表述中，不属于政治意义的是（）　[单选题]

正确率：67.03%

选项 ⬍	小计 ⬍	比例
A. 彻底摧毁了2000多年的封建土地制度	1	1.1%
B. 农民翻了身，得到了土地，成为土地的主人	25	27.47%
C. 解放了农村生产力，农业生产获得迅速恢复和发展 (答案)	61	67.03%
D. 使人民政权更加巩固	4	4.4%

图 8 - 19　基于问卷星对练习题正确率的示意

　　又如 2019 年中考综合题（见图 8 - 20）：

　　观察题 26 - 2 图，指出这一时期我国工业发展呈现的特点。这些特点对我国经济建设产生了什么影响？（4 分）

1952—1955 年沿海与内地工业产值比重／%

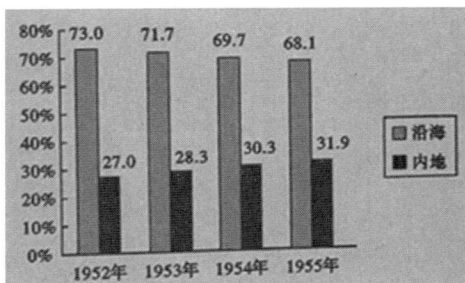

——孙健《20 世纪的中国——走向现代化的历程 (经济卷 1949—2000)》

1957 年比 1952 年部分工业品产量增长／%

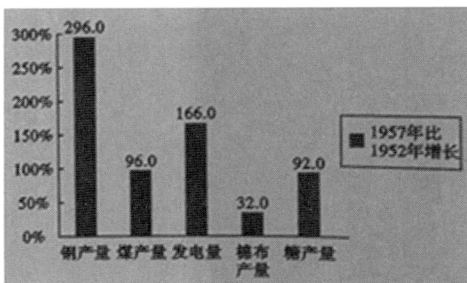

——胡绳《中国共产党的七十年》

图 8 - 20　题 26 - 2 图

对于八年级的学生而言，此题难度较大，但只要掌握图表题型的解题方法就可以踩住得分点。讲解该小题的小组能够较好地观察到柱状图的高低峰值，从而得出沿海工业比重大，内地工业比重小，而结合时代背景，分析知道"一五"计划期间国家侧重于重工业，故而得出重工业发展迅速，轻工业发展相对较慢的结论。

诸如此类，学生充分发挥自主学习能力，得益于网络学习空间为学生提供了此机会，懂得利用网络搜索汲取资源，基于腾讯课堂的直播功能解放学生的嘴，使得本次历史练习课不拘束于传统课堂，如图 8 - 21 所示。教师引导学生在"生生"课堂中自我查漏补缺，汲取他人的解题思路和学法，充实个人学习空间，真正做到以学生为主体、以教师为主导。

图 8 - 21　基于腾讯课堂上的初中历史练习题"生生"课堂实例

4. 总结

网络学习空间弹性化，有利有弊，但总体来说，在线上授课这段时间发挥了较大的作用，腾讯课堂等学习平台也时时刻刻根据实际教学进行改革创新。《国家教育事业发展"十三五"规划》强调改革创新驱动教育发展，应积极发展"互联网＋教育"，全力推动信息技术与教育教学深度融合。有此实践课堂教学改革的契机，笔者大胆创新提出了线上小组合作学习模式，与学生在云端遇见，初步尝试对师生都有所收获，但也存在值得思考的地方。一是杜威提出教师要让学生在"做中学"，突出了活动在课堂中的重要性，无论是哪种学习模式都离不开以学生为主体的活动设计，那么培养学生的网络学习信息收集能力可以更好地让学生参与到活动中；二是笔者认为网络学习空间可以渗透传统课堂中，实现课堂效率最大化；三是线上和线下互相配合，可以更好地引导学生自主地开展小组活动。可预见，发展"互联网＋教育"、构建网络学习空间、线上活动走入课堂等都是实现现代化教育的有效发展途径。

第九章

地理学科工具

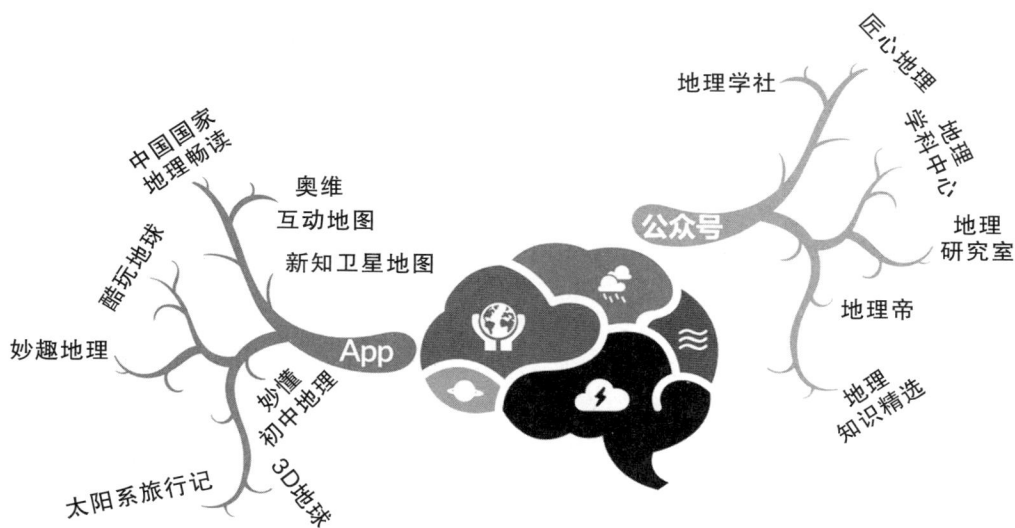

中国国家地理畅读

奥维互动地图

新知卫星地图

酷玩地球

妙趣地理

妙懂初中地理

太阳系旅行记

3D地球

App

地理学社

公众号

匠心地理

地理学科中心

地理研究室

地理帝

地理知识精选

一、　学科基本情况

中学地理是中学素质教育的重要组成部分。随着社会的发展，世界已然成为一个紧密联系的整体，人文地理知识、自然地理知识也自然而然在学生认识世界的过程中起着至关重要的作用。

钱学森曾说过："地理科学是关系到社会主义建设的大问题，国家必须重视地理科学，建立地理科学体系，发展地理科学。"时至今日，随着教育改革的不断推进，素质教育的不断普及，地理学科得到了极大的发展，但是当前地理教学现状不容乐观，在应试教育体制下的地理教学习惯照本宣读，教学内容单一，不能调动学生学习的积极性。此外，由于课堂内教学时间紧迫、教学任务繁重等，学生接触到的知识面狭窄，很少涉及课外的相关知识，难以促进知识的迁移与积累。

为了解决上述问题，经调查、访问发现，少部分地理老师在电子白板的加持下，创新引入地理学科工具辅助教学。例如，在教学人教版初中地理七年级上册第二章第一节"大洲和大洋"时，使用"妙趣地理"进行辅助教学，通过知识竞答的形式，可以提高同学们参与的积极性。

在地理学科中，极简教育技术的应用主要体现在以下几个方面：

（1）电子地图工具：极简的电子地图工具可以帮助学生快速查找地理位置、了解地理特征和地形地貌等信息。学生可以通过电子地图工具进行地理位置标注、地理区域划分等操作，提高他们的地理空间认知能力。

（2）在线地理游戏：极简的在线地理游戏可以通过简单有趣的方式帮助学生巩固地理知识。这些游戏可以涵盖地理概念、地理地标、地理文化等多个方面，激发学生的兴趣，提高他们地理学科学习的积极性。

（3）视频教学资源：极简的视频教学资源可以帮助学生更直观地了解地理现象和地理过程。教师可以利用简短的视频展示地理实地考察、地理现象解释等内容，激发学生对地理学科的兴趣，提高他们的学习效果。

（4）简化的在线测验工具：极简的在线测验工具可以帮助教师快速制作地理学科的测验题目，进行即时评分和反馈。学生可以通过这些测验工具进行自主学习和自测，检验自己地理知识的掌握情况，提高学习效率。

极简教育技术在地理学科的应用为学生提供了更简单、更便捷的学习方式，帮助他们更好地理解和掌握地理知识。随着极简教育技术的不断发展和完善，相信其在地理学科教学中的应用将会越来越广泛。

二、 学科工具

（一） 精品应用

奥维 互动地图	工具类型：App 工具简介： 地图浏览器，可浏览在线地图，拥有强大的地理信息展现技术	中国国家 地理畅读	工具类型：App 工具简介： 畅读电子杂志，收录《中国国家地理》《博物》《中华遗产》三本杂志
酷玩地球	工具类型：App 工具简介： 3D 地球应用，带领用户探索世界，理解世界的趣闻，感受世界文化的魅力	妙趣地理	工具类型：App 工具简介： 地理知识软件，包含多个板块，让地理学习变得有趣丰富
妙懂 初中地理	工具类型：App 工具简介： 地理学习软件，巧妙结合AR、3D 技术，将初中地理知识简单化、生动化	新知 卫星地图	工具类型：App 工具简介： 全球卫星地图软件，可查看全球任意地方的实时高清卫星图
太阳系 旅行记	工具类型：App 工具简介： 太空知识学习软件，运用先进的图形技术，趣味展示太阳系各个领域的知识	3D 地球	工具类型：App 工具简介： 地理百科知识软件，图文并茂，传播地理相关的自然关怀和人文情感

地理学社	工具类型：公众号 工具简介： 拥有众多地理教学资源，为广大教师、学生提供优秀的地理教案、地理素材、地理课件	匠心地理	工具类型：公众号 工具简介： 拥有众多地理素材，包含地理知识及图库、每日真题练习，让地理学习具体化、生动化
地理 学科中心	工具类型：公众号 工具简介： 拥有众多地理教育教学资源，分享地理相关的学科资讯，适合教师教学、学生研学	地理 研究室	工具类型：公众号 工具简介： 地理知识共享平台，提供最前沿的地理知识，搭建地理知识分享的平台
地理帝	工具类型：公众号 工具简介： 拥有众多地理知识资源，主要分享自然人文地理知识，提供地理图册、课件，以及教材知识点	地理 知识精选	工具类型：公众号 工具简介： 带来更多的地理知识，带你走进地理知识的殿堂，包含天文、地质、历史地理、自然地理、人文地理等

（二）　小学工具推荐

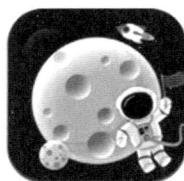

太阳系旅行记

（1）工具概述。

太阳系旅行记是一款融互动性、专业性、趣味性、系统性于一体的天文科普应用，适用于所有对天文感兴趣的人群。

（2）太阳系旅行记的使用方法。

①打开手机应用市场，输入关键词"太阳系旅行记"，可免费下载这款 App。

②打开"太阳系旅行记"App，进入主页面，如图 9 - 1 所示。

图 9 - 1　"太阳系旅行记"主页面

③主页面上面显示的是导航栏，如图 9 - 2 所示。

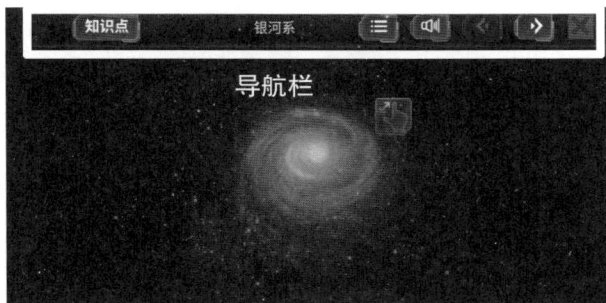

图 9 - 2　导航栏

④点击 图标，阅读操作说明，如图 9 - 3 所示。

图 9 - 3　操作说明

⑤退出操作说明，点击左上角"知识点"，即可显示银河系的知识点。再点击右下角"太阳系"，即可显示太阳系的知识点，如图 9 - 4 所示。

图 9 - 4　银河系、太阳系知识点

⑥点击 图标，进入太阳系来了解地球，如图 9 - 5 所示。

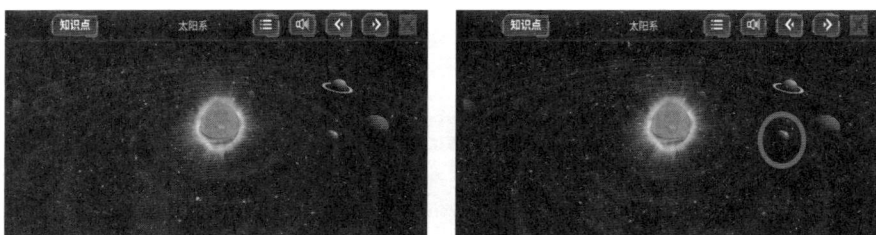

图 9 - 5　了解地球

⑦点击左侧导航栏任意位置，了解地球的相关信息，如图 9 - 6、图 9 - 7 所示。

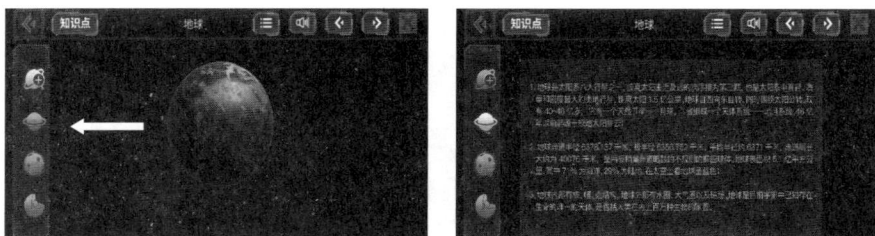

图 9 - 6　地球的信息（1）

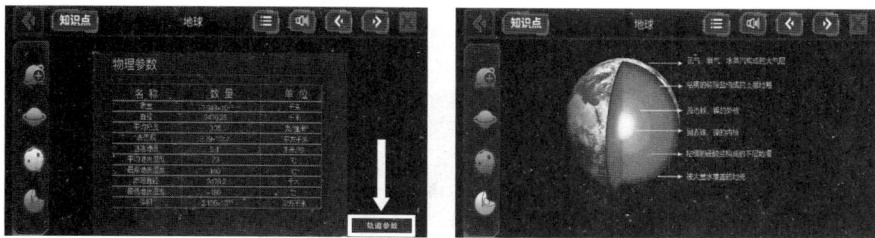

图 9 - 7　地球的信息（2）

⑧点击 图标，进入太阳系交互，在了解完八大行星后，完成八大行星排序，检验学习成果。点击 图标，清除排序，重新开始，如图 9 - 8 所示。

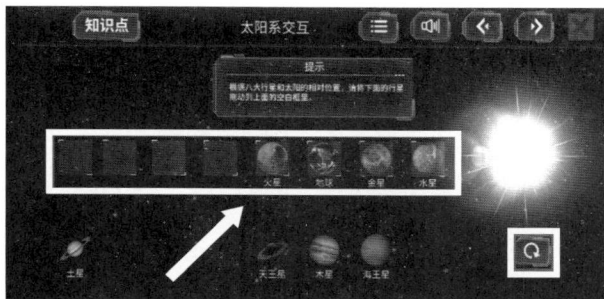

图 9 - 8　完成八大行星排序

⑨点击 图标，进入地球公转，学习地球公转及对应产生的自然现象，如图 9 - 9 所示。

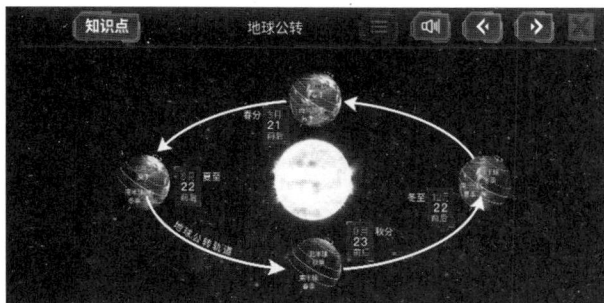

图 9 - 9　地球公转

⑩点击 图标，进入地球自转，根据语音提示，观察北京地区的昼夜变

化，了解相关晨昏线的变化情况，并完成测试，如图 9 - 10 所示。

图 9 - 10 地球自转

⑪点击 图标，进入黄白交角，学习黄道面、白道面，如图 9 - 11 所示。

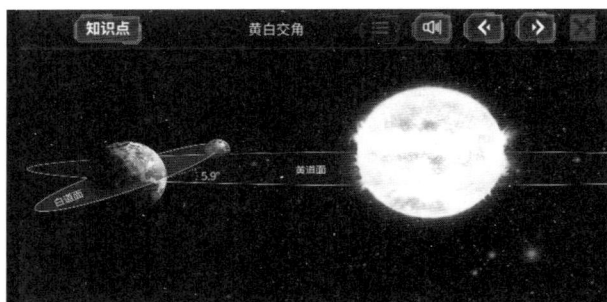

图 9 - 11 黄白交角

⑫点击 图标，进入月相演示，根据语音提示，单击运行中的月球，查看月相详情，并完成测试，如图 9 - 12 所示。

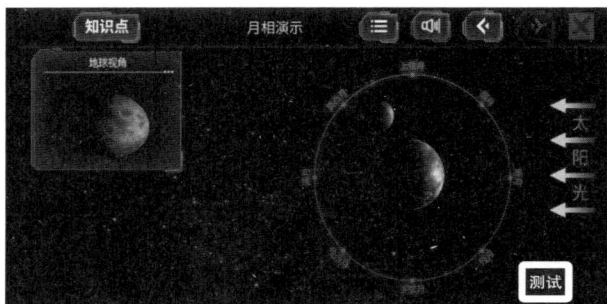

图 9 - 12 月相详情

（三）　中学工具推荐

妙懂初中地理

（1）工具概述。

妙懂初中地理是一款将 AR 增强现实、3D 动画等黑科技应用于地理学习的教育软件。该应用程序由新华文轩和寰视乾坤科技联合打造，将初中地理中的重难点、必考点转化成浅显易懂、生动有趣的内容，让地理学习告别死记硬背，让学生的地理学习更有趣、更简单、更高效，为地理学习打开新世界。该 App 包含五大板块："世界地理""中国地理""AR 难点妙懂""PK 地理妙赛""Q&A 小题妙做"。

（2）妙懂初中地理的使用方法。

①打开手机应用市场，输入关键词"妙懂初中地理"，可免费下载这款 App。

②打开"妙懂初中地理"App，进入主页面，用户登录后，阅读故事索引，并开始闯关学习，如图 9 – 13 所示。

图 9 – 13　开始闯关

③进入主页面后，跟随讲解指引，了解各个板块的学习方式及功能，如图 9 – 14 所示。

④"世界地理"板块：内容包括考点妙记、专题妙解、闯关进度，如图 9 – 15 所示。

图 9 - 14　板块讲解指引　　　　图 9 - 15　"世界地理"板块页面

⑤进入"考点妙记",加载考点动画,观看视频进行学习,最后通过考点闯关完成学习,巩固知识点,如图 9 - 16 所示;返回主页面后,进入"专题妙解",重复同样的操作,最后查看"闯关进度"。

图 9 - 16　考点闯关

⑥"中国地理"板块:内容包括考点妙记、专题妙解、闯关进度,学习方式参考步骤⑤,如图 9 - 17 所示。

图 9 - 17　"中国地理"板块页面

⑦"AR 难点妙懂"板块:阅读右上角"使用说明",扫描将要学习的对象,立即呈现立体内容,实现互动学习,如图 9 - 18 所示。

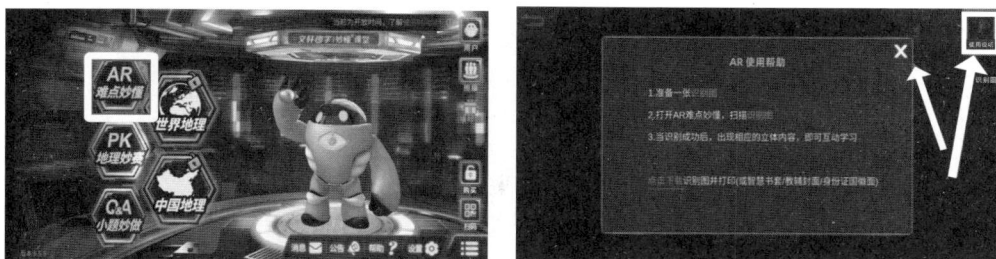

图9-18　"AR难点妙懂"板块页面

⑧"PK地理妙懂"板块：阅读右上角的"版块简介"，选择"趣'拼'祖国""邻国与临海""AR'迷'你铁路网"其中一个进行练习或者比赛，如图9-19所示。

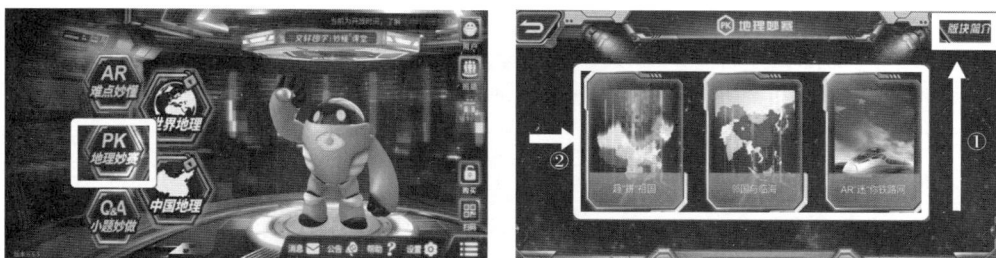

图9-19　"PK地理妙懂"板块页面

⑨"Q&A小题妙做"板块：阅读下方的板块简介，选择"世界地理""中国地理""综合地理"其中一个进行挑战，也可以进行"好友切磋"或者"班级竞技"，如图9-20所示。

图9-20　"Q&A小题妙做"板块页面

三、 教学研究

打破地理玄学，走进知识殿堂
——以"希沃白板5"为例①

说起地理，很多学生会戏称其为"玄学"，因为课堂学习和考试内容不相匹配，学生对部分题目理解不到位。这要求教师对书本知识点进行拆解重组、建立逻辑规律，在课堂上以生动形象的方式展现，以活动探究的形式与学生互动。随着现代信息化科技手段的不断发展，信息化课堂教学可以很好辅助教师进行备课、授课。

"希沃白板5"是一个互动教学平台，专门针对信息化教学而设计，可以为教师提供云课件、学科工具、教学资源等备、授课工具，更加高效、形象、快捷推动地理教学。因为其强大的教学互动功能，教师可以在高中地理课堂中把问题情境融入教学，利用工具栏的功能使教学方式多样化，增强师生互动，从而培养学生的地理的综合思维，提升学生的地理核心素养，避免地理成为学生心里的"玄学"。

1. "希沃白板5"的常用功能

（1）学科工具功能。

教师在教学过程中可以根据教学目标、教学内容，结合学生的实际情况，有针对性且有选择性地使用"希沃白板5"的学科工具。地理课堂中善用学科工具能够使教学更直观，提升教学效果，更加生动地帮助学生理解知识点，提高学生的学习效率。例如，在学习"地球的板块运动规律"这一知识时，教师可以选地理学科工具中的"星球"—"地球"—"六大板块图"，虚拟展示世界各大板块的二维地图与三维地图，并进行二者之间的转换、对其进行缩放和标注特殊位置。三维地图的运用有助于提升学生对地理知识的理解和记忆，尤其对于缺乏空间想象能力的学生更为明显。

（2）移动授课功能。

教师通过在"希沃白板5"App和教室大屏上登录同一账号，实现双屏同步教学。教师可通过手机控制大屏进行课件翻页（见图9-21）、批注等操作，从而突破讲台束缚，在教室间自由移动巡讲，便于关注到各个位置的学生，有效控制课堂进度。教师还可以通过手机拍摄学生的练习、作业，将其投影到大屏幕

---

① 本文为珠海一附实验中学陈旋所作。

中，实时展示分享学生的学习成果，进行现场反馈与评价。

（3）知识强化功能。

"希沃白板5"提供了多种辅助小工具，可以帮助教师在课堂上突出和加强知识点。例如当教师要突出某段文字或者地图局部地区时，可以组合使用"放大镜"和"关灯"，放大局部地图后，将其他画面变成黑幕，使得学生的注意力聚焦在重点上。又例如"蒙层"工具可以将文字或者图片隐藏，开始授课后，用"橡皮擦"功能在蒙层处擦拭，可显示被隐藏的图片、文字。

（4）课堂活动功能。

"希沃白板5"在课堂活动中采用了游戏元素，通过将知识点嵌入互动游戏来设计课程，从而帮助学生更好地巩固所学知识。"希沃白板5"通过优化高中地理教学中的教师授课模式以及学生

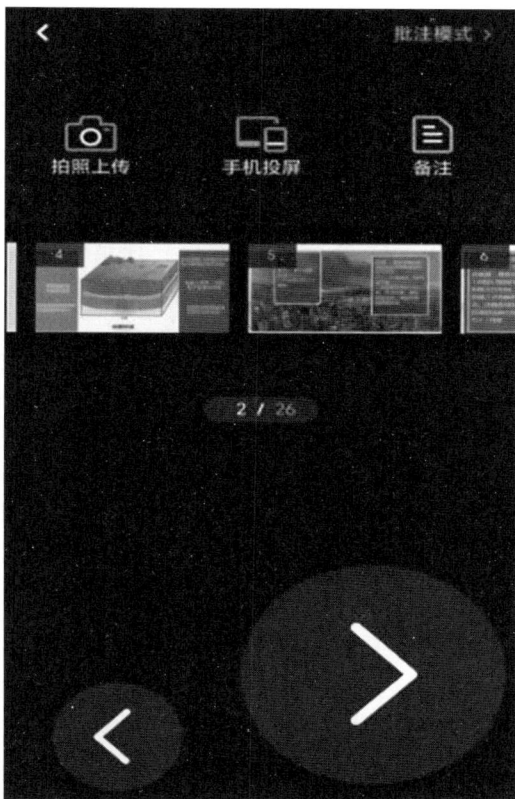

图9-21 双屏互动效果图

聆听方式，不仅可以提高学生的学习兴趣，增加他们在地理课堂的参与度，而且可以改善整个课堂的氛围。教师可以设计不同的游戏规则来增加学生的参与度，例如设定多项选择题的答案和干扰项来提高难度并激发学生的竞争欲望。在教学过程中，教师可以选择两个学生上台参与互动游戏，学生通过选择正确答案来获取积分和鼓励。教师可以在游戏结束后点击"答案"按钮，分别对所有选项进行分析。

（5）思维导图功能。

"希沃白板5"通过将知识点进行梳理，让知识变得结构化，让学习过程变得可视化（见图9-22）。教师可以根据教学需要在不同节点添加图片、短视频、音频和备注；在节点之间构建新的联系，帮助学生梳理知识点的关系，构建知识体系，提升学习效率。

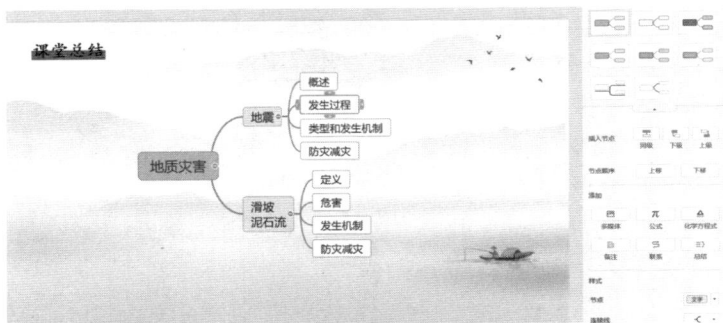

图 9-22 希沃"思维导图"工具界面图

2. "希沃白板 5"在高中地理教学应用中存在的问题

随着教育信息化的推广，教师使用"希沃白板 5"进行教育教学的做法愈发普遍，但是"希沃白板 5"在高中地理教学的应用仍然存在着一些问题。

虽然大部分地理教师已经接触并使用过"希沃白板 5"，并且普遍认为它在地理教学中有很多优势，但在实际应用中，许多教师仍未充分挖掘"希沃白板 5"的各种功能。教师使用"希沃白板 5"较多的功能是课件制作、多媒体演示、资源库、板书等。对于"希沃白板 5"的特有功能，比如学科工具、题库功能、移动授课功能以及时间胶囊功能使用较少。在进行教学时，部分高中地理教师只是简单地把"希沃白板 5"当作普通的 PPT 演示文稿来使用，实践过程中教学模式没有改变，对高中地理教学效果的提升作用相对较小，没有发挥"希沃白板 5"的作用。

"希沃白板 5"能够在具体的地理教学活动中丰富课堂教学，但教学实践中需要对其进行灵活巧妙的运用，而不是将各种功能盲目堆砌。教师在备课过程中需要依据学情、课程内容选择合适的教学功能，将晦涩难懂的地理图文知识更加直观地展示出来，合理发挥"希沃白板 5"在高中地理教学中的优势。因材施教既能将学生的注意力吸引到课堂中，提高学生的课堂参与度，又能够把晦涩难懂的知识梳理分解，帮助学生理解，有利于学生更好地学习知识。

在使用"希沃白板 5"等信息技术辅助地理教学时，不能忽视传统教学方法，应该充分发挥传统教学的优点，实现互通有无，结合应用解决教学中的难题，使地理课堂更加完美高效。

第十章

音、体、美学科工具

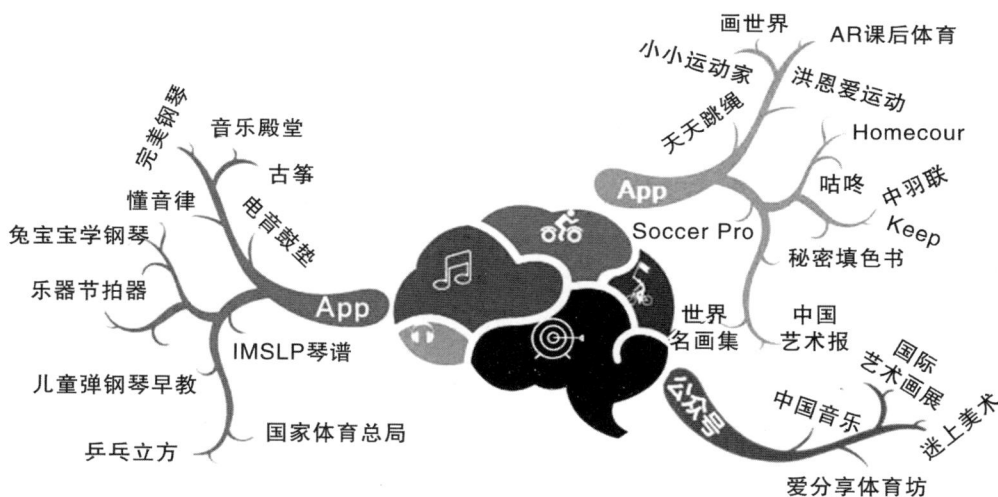

画世界　AR课后体育

小小运动家　洪恩爱运动

完美钢琴　音乐殿堂

天天跳绳　Homecour

懂音律　古筝

兔宝宝学钢琴　电音鼓垫

咕咚　中羽联

Keep

App

乐器节拍器

App

Soccer Pro

秘密填色书

IMSLP琴谱

世界
名画集

中国
艺术报

国际
艺术画展

儿童弹钢琴早教

中国音乐

迷上美术

公众号

乒乓立方　国家体育总局

爱分享体育坊

一、 学科基本情况

在应试教育体制和传统教学观念的影响下，音、体、美三门学科长期处于学科教学的边缘，处于被忽视的状态，实际教学中绝大部分的音、美、体科目课时被语、数、英科目课时所替代，形同虚设，甚至没开设音、体、美相关课程，严重阻碍学生德、智、体、美、劳的全面发展。

中小学阶段是学生音乐学习的重要阶段，是学生接受音乐熏陶、养成健全人格的重要时期，该阶段的中小学生对未知的新事物充满好奇心，对周围的环境具有一定的敏感性。但在音乐课堂教学中，由于音乐教学设备限制、教学模式陈旧等，学生只能在听、学、唱中机械地进行重复，音乐学科的艺术魅力大打折扣。在应对这些问题上，少数家长、学科带头教师走在教育的前沿——家长使用"儿童弹钢琴早教"App 对孩子进行音乐早教、启蒙教育，学科带头教师结合平板，协同"懂音律""完美钢琴""音乐殿堂"等 App 进行沉浸式的体验教学。

"艺术源于生活"，美术教育是沟通美术课程与学生生活的桥梁；它是需要学生审美与创造相结合的一个重要学科，也是培养学生德、智、体、美、劳全面发展不可缺少的组成部分。随着学生的身心发展，学生发现美的能力不断提高，感受美的需求不断增长，因此有必要在课堂或课外通过教学辅助工具进一步拓展学生获取美的渠道，激发学生的创造力和创新意识。

相比音乐、美术两门学科教学中信息化工具的使用，体育教学类信息化工具在教学中的使用更为普遍，其在现实教学中的作用出类拔萃：面向幼小阶段的儿童，有"洪恩爱运动""小小运动家""天天跳绳"等；面向中学阶段的学生，有"AR 课后体育""Homecour""乒乓立方"等，课内课外共同助力中小学生身体素质发展。此外，众多的体育教育自媒体也是一线体育教师必不可少的教育教学资源。不只在教育领域，健身运动类信息化工具在生活中更为大众所青睐。健身类信息化工具种类繁多，功能侧重点不同，有跑步、核心肌群训练、减肥、塑形等，如"Keep""咕咚"等。

二、学科工具

（一）音乐学科工具

儿童弹钢琴早教	工具类型：App 工具简介： 是一款内容丰富的音乐产品，画面精致，设置合理，适合幼儿、儿童学习	兔宝宝学钢琴	工具类型：App 工具简介： 是一款不错的钢琴入门游戏，面向幼儿和儿童，让他们接触和感受钢琴的魅力
乐器节拍器	工具类型：App 工具简介： 是一款音乐节奏打拍软件，通过打节拍练习，培养学习者的音乐乐感	音乐殿堂	工具类型：App 工具简介： 是一款音乐高考软件，面向广大的音乐艺考生，促进专业知识的掌握和理解，针对考情模拟练习
IMSLP 琴谱	工具类型：App 工具简介： 又称国际乐谱库，包含各种各样的琴谱，可供演奏者查询并训练需要的琴谱	电音鼓垫	工具类型：App 工具简介： DJ 打碟混音器、节奏器，是集打击垫、节奏垫、电音垫和节拍器多功能于一体的手机电音鼓机
古筝	工具类型：App 工具简介： 是一款古筝弹奏软件，古筝入门必备，帮助古筝爱好者短时间学习、掌握古筝谱	懂音律	工具类型：App 工具简介： 是一个优质的乐器找谱练习平台，包含竹笛、钢琴、吉他等大量中外乐器乐谱

	工具类型：App		工具类型：公众号
完美钢琴	工具简介：智能钢琴模拟器，可模拟真实的钢琴音色，将学习与练习结合，帮助学习者更好地感受钢琴的魅力	中国音乐	工具简介：刊载音乐学术论文，为音乐教育者、研究者提供专业的音乐教育教学研究

（二）　体育学科工具

	工具类型：App		工具类型：App
国家体育总局	工具简介：是一个体育资讯阅读平台，为用户发布最新的新闻动态和通知公告以及每天的体坛新闻，方便大家更快地了解国内最新的体育事件	乒乓立方	工具简介：是一个乒乓球爱好者的学习互动平台，拥有视频教学资源，可学习乒乓球的发力技巧和接球方法，帮助学习者提高打乒乓球的技艺
天天跳绳	工具类型：App 工具简介：是一个体育运动训练作业平台，以跳绳技术为主、其他 AR 运动为辅，融入生动有趣的互动训练，增强体质	AR 课后体育	工具类型：App 工具简介：以"AR + AI"的先进科技支持运动训练，助力广大中小学生加强体能，提升身体素质
小小运动家	工具类型：App 工具简介：是一款全新运动软件，应用 AI 识别技术，探索儿童运动、锻炼新模式	洪恩爱运动	工具类型：App 工具简介：面向青少年、儿童，以先进的 AI 技术赋能，打造新鲜好玩、科学高效的家庭运动新空间

Keep	工具类型：App 工具简介： 是一款专业健身软件，可体验健身、跑步、骑行等功能，实现减肥、塑肌，练就完美身材	咕咚	工具类型：App 工具简介： 是一款跑步健身软件，搭建智能运动生活平台，合理制订运动计划，实现运动职能分析与管理
Homecour	工具类型：App 工具简介： 是一款篮球技巧训练软件，拥有海量的篮球教学视频，帮助篮球爱好者快速提升篮球技术	Soccer Pro	工具类型：App 工具简介： 是一款用于足球比赛和训练的 Apple Watch 应用，记录足球比赛数据，进行专项足球训练，制订适合自己的训练计划
中羽联	工具类型：App 工具简介： 羽毛球运动领域的 Open Table，汇聚羽毛球爱好者人群，为羽毛球爱好者提供免费、实时的打球活动在线预约服务	爱分享 体育坊	工具类型：公众号 工具简介： 体育教育自媒体，专注于体育运动教学技巧分享，包含教学设计、教研讲座、教学视频、最新体育资讯等多类资源

（三）　美术学科工具

世界 名画集	工具类型：App 工具简介： 该软件收藏了 10 000 多幅名画，介绍了 100 多名画家的生平，方便教师了解画作	中国 艺术报	工具类型：App 工具简介： 中国文学艺术界联合会主管主办的国内最具权威性的国家级文艺行业大报，让用户畅读各门类的艺术

	工具类型：App 工具简介： 是一款功能齐全的绘画和社交软件，也是无纸化作画的好工具		工具类型：App 工具简介： 绘本画画，让用户静静地享受绘画的魅力，拥有人物、水果、建筑、动物等丰富模型线稿，为用户提供精美的图片和让人惊艳的系列图片。用户可挥动神奇画笔，发挥创造力，填入各种各样的颜色
画世界		秘密 填色书	

	工具类型：公众号 工具简介： 南宁拾画艺梦文化传媒有限公司推出的系列公众号之一，每天推送有趣的美术教程		工具类型：公众号 工具简介： 认识名画必备公众号，每日推荐一幅世界名画，介绍画作背景故事，提升教师美术知识素养
迷上美术		国际 艺术画展	

（四） 小学工具推荐

秘密填色书

（1）工具概述。

秘密填色书是一款涂色绘画软件，内有丰富线稿，供小朋友填色，发挥其想象力，提高配色审美。

（2）秘密填色书的使用方法。

①打开手机应用市场，输入关键词"秘密填色书"，可免费下载这款应用软件。

②打开"秘密填色书"App，进入主页面。主页面下方为主导航栏，分为"首页""发现""我的"三大模块，如图10-1所示。

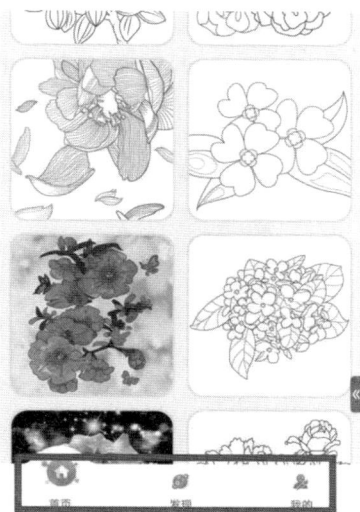

图10-1　"秘密填色书"主页面

③点击"首页"模块，页面上方为分类导航条，用户可以选择心仪模块的线稿进行填色；点击"发现"按钮，线稿按合集分类，用户可以从合集中挑选线稿进行填色，如图10-2所示。

图10-2　线稿选择

④点击一幅心仪的线稿，即可进行填色，点击 图标或双指在屏幕进行缩放，可调节填色卡大小，如图10-3所示。

图10-3　线稿缩放

⑤在页面下方选择色号，点击填色卡中相应色号，即可完成填色。在选择色号后，填色卡会出现提示色，用户也可根据提示色进行填色，如图10-4所示。

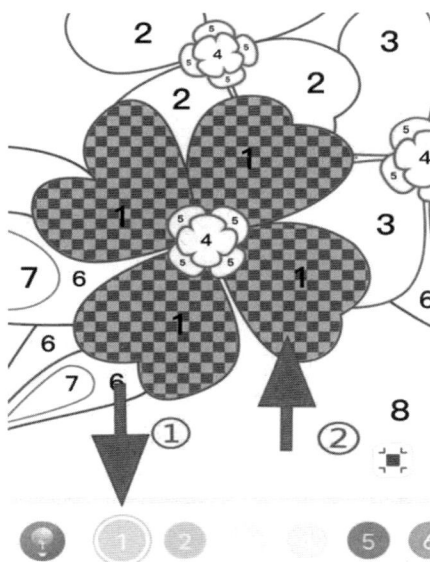

图10-4　线稿填色

⑥每种色号填色后，该色号按钮处将显示其填色完成度，完成该色号的填色后，该色号自动消失。在所有色号填色完成后，该填色自动保存于完成作品中，如图10-5所示。

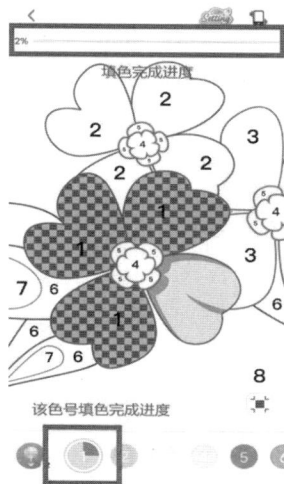

图10-5 填色完成进度

⑦点击"DIY"按钮，对作品进行装饰，如图10-6所示。

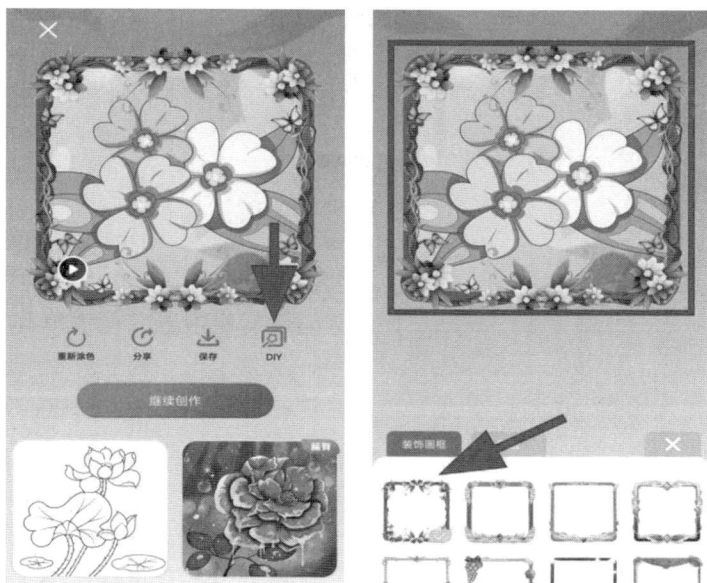

图10-6 作品装饰

⑧点击"保存"按钮，可将作品保存于手机相册，如图 10-7 所示。

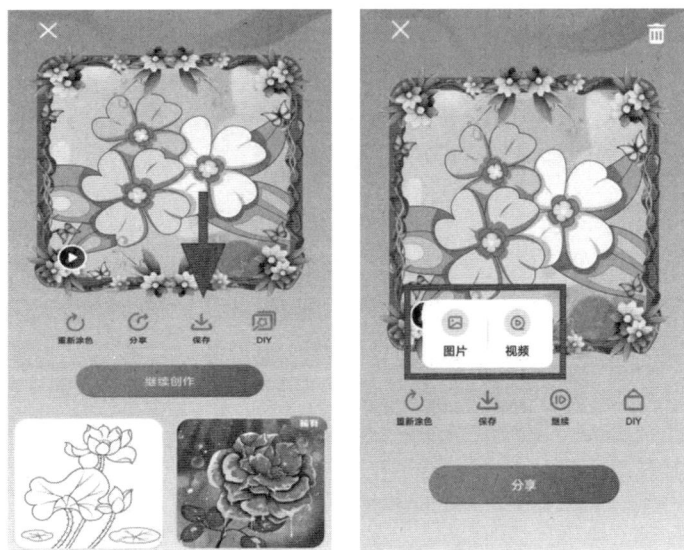

图 10-7 作品保存于相册

（五） 中学工具推荐

完美钢琴

（1）工具概述。

完美钢琴是一款钢琴学习 App，它是智能钢琴模拟器，可模拟真实的钢琴音色。通过该软件，学习者可准确地学习钢琴，寓教于乐。在软件学习过后，学习者可通过"多人比赛""远程连线"与其他学习者共同交流、探讨，共同创作。

（2）完美钢琴的使用方法。

①打开手机应用市场，输入关键词"完美钢琴"，可免费下载这款应用软件。

②打开"完美钢琴"应用程序，进入主页面。主界面主要分为"学习模式""键盘模式""多人比赛""远程连线""钢琴圈""录音管理"六个部分，如图 10-8 所示。

图 10 – 8 "完美钢琴"主页面

③进入"学习模式",该部分罗列大量可供学习的国内外经典钢琴曲目以及流行歌曲。练习者根据自身情况,挑选并收藏喜欢的曲目,选择适合自己的难度进行歌曲练习(Easy:简单,Normal:正常,Hard:困难),同时可跟进学习进度,如图 10 – 9 所示。

图 10 – 9 "学习模式"页面

④进入"键盘模式",键盘显示音符,通过向右、向左按键提示,查看和运用钢琴键符,如图 10 - 10 所示。

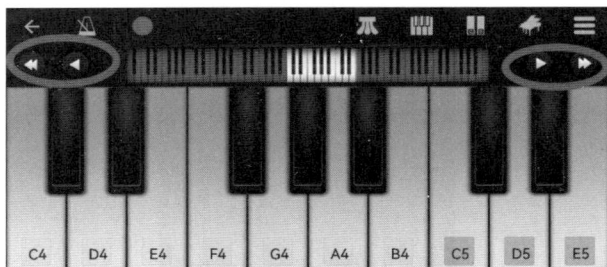

图 10 - 10　钢琴界面

点击右上角的"键盘"功能键,可以转换钢琴模式,包含"和弦模式""单排模式""双排模式"以及"对弹模式",如图 10 - 11 所示。

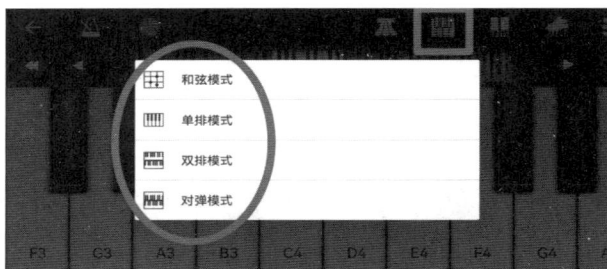

图 10 - 11　转换模式

点击右上角的"CD"功能键,可以显示按键标签,包括"在按键上显示'C4','D4'""在按键上显示'Do','Re'"以及"关闭"按键标签,如图 10 - 12 所示。

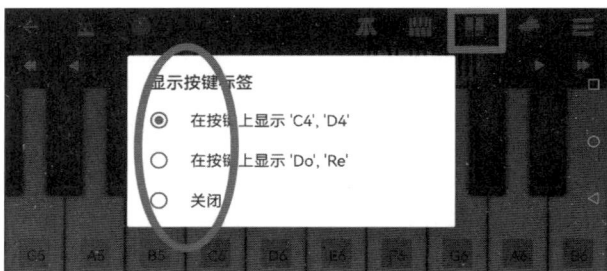

图 10 - 12　按键标签

点击右上角的"乐器"功能键，可以将钢琴转换为其他乐器进行练习演奏，包括八音盒、管风琴、罗兹、合成器，也可以额外添加设备内其他 App 辅助应用，如图 10 – 13 所示。

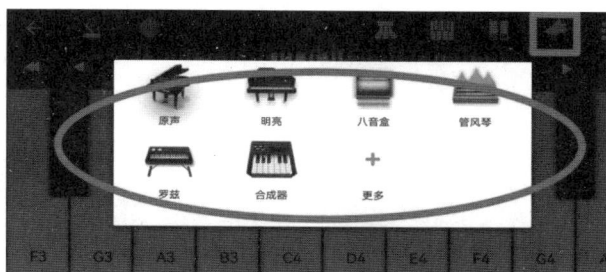

图 10 – 13 乐器转换

点击右上角的"三线条"功能键，可以调节键盘模式，包括设置混响、余量控制、按键振动、键盘锁，还可以打开设备的录音文件，如图 10 – 14 所示。

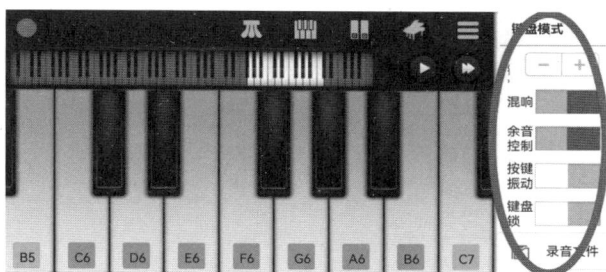

图 10 – 14 键盘模式设置

⑤进入"多人比赛"，该部分包括两种模式：普通模式和生存模式。练习者进入后可与其他练习者对指定的钢琴曲目进行 PK 互动交流，如图 10 – 15 所示。

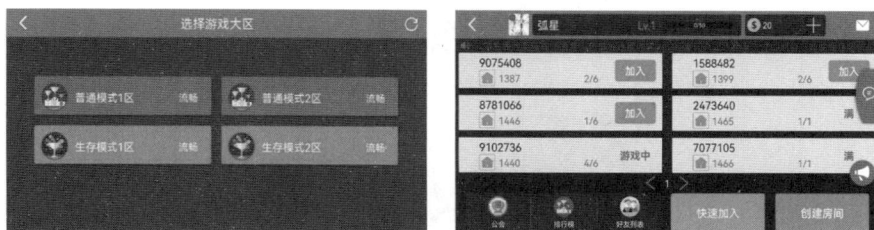

图 10 – 15 "多人比赛"页面

⑥返回主页面，进入"远程连线"，该部分分为远程连线 1 区、远程连线 2 区。练习者进入房间后可与其他练习者不受曲目限制，通过钢琴进行多人多地协奏，如图 10 – 16 所示。

图 10 – 16　"远程连线"页面

⑦进入"钢琴圈"，该部分包含精选视频、音频、MIDI、图片等，将所有资源分门别类。学习者根据兴趣爱好，选择喜欢的曲目欣赏、练习、收藏、分享，如图10 – 17 所示。

图 10 – 17　"钢琴圈"页面

画世界

（1）工具概述。

画世界是一款免费手机绘画软件，绘画面板简洁清爽，是指绘的最佳选择。该软件内设交流平台，可以与众大神沟通学习，交流绘画技巧，目前支持手机和平板免费下载。

（2）画世界的使用方法。

①打开应用市场，输入关键词"画世界"，可免费下载这款应用软件。

②打开"画世界"应用程序，进入主页面，注册登录软件，如图 10 – 18 所示。

图 10 – 18　"画世界"主页面

③点击主页面 图标，点击"绘画"按钮，创建画布，进入绘画界面，如图 10 – 19 所示。

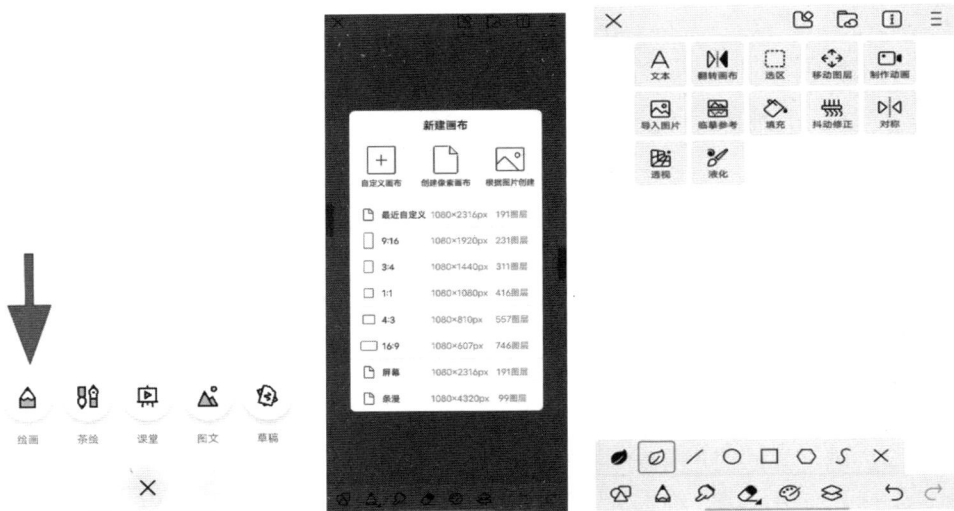

图 10-19　进入绘画界面

④可通过绘画界面进行绘画创作。绘画界面操作介绍，如图 10-20 所示。

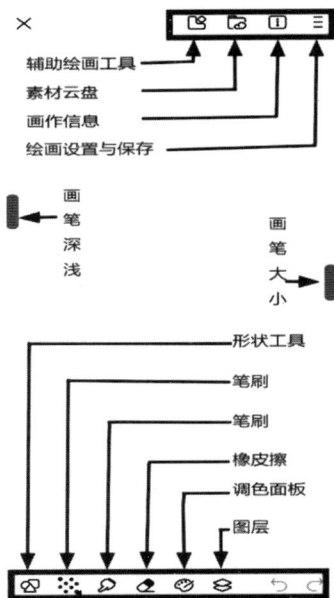

图 10-20　绘画界面介绍

⑤绘画完成后，点击右上角 ☰ 图标，点击"导出"，选择导出格式，即可

导出作品，如图 10 - 21 所示。

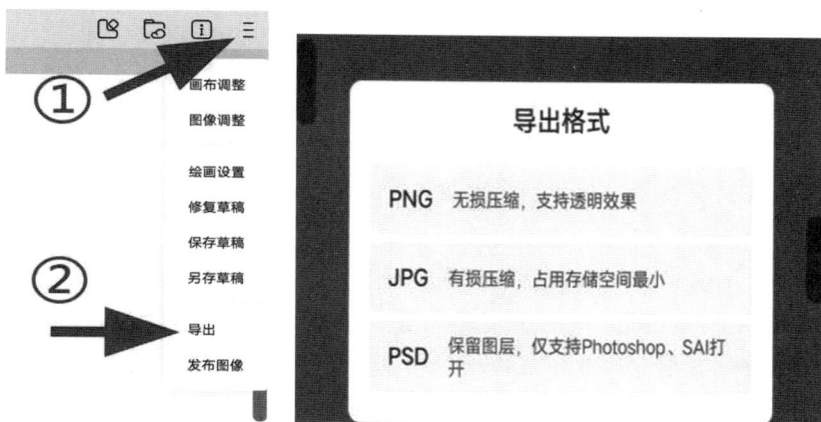

图 10 - 21　导出作品

⑥返回主页面，点击"发现"模块，可查看其他用户作品。页面上方为分类导航，帮助用户查找感兴趣的作品。轻触感兴趣的作品，可观看绘画过程，学习绘画技巧，如图 10 - 22 所示。

图10 - 22　"发现"模块分类导航

三、 教学研究

现代自媒体软件"剪映"与耐久跑应用教学①

随着体育与健康学科新课改不断深入，增添中考体育项目，国家越来越注重青少年的身体素质，同时高度重视学生核心素养的培养。在中考体育中，长跑项目是部分学生的短板，要想解决这部分问题，就需要利用科学有效的方法。本文主要通过将学生学习耐久跑教学工具"剪映"与学科结合的体育教育教学应用案例，对应对体育中考的教学策略进行阐述，旨在为相关研究提供参考。

1. 初中学生应对体育中考耐久跑的有效策略——全民剪辑时代

（1）剪辑软件——"剪映"。

课堂运动表现力视频记录，满足学生想被关注的心理，建立融洽关系，调动学生参与性。在当前的全民剪辑时代，初中生对于自身运动锻炼与动感音乐结合后的生活记录十分感兴趣，该类型记录能起到培养学生运动兴趣的效果，拉近师生关系。

中学生正处于青春期，心智发育不成熟，性格相对叛逆。学生初一刚入学，对初中阶段校园生活充满好奇；初二对学校制度体育课堂逐渐熟悉了解，课堂上部分学生喜欢试探教师底线；初三心智逐渐趋向成熟，可能出现因升学压力大导致的心理问题，而且学生自主学习与被迫学习的效果具有较大差异性，因此与时俱进在这个全民剪辑的时代十分重要。不单是体育课堂，许多的音、体、美教师把"剪映"应用得非常流畅、高效、有趣，使教学更有效率。

体育课主要的特点是学习与实践，对于中学生来说，完全应对体育考试的课堂枯燥无味，产生不了浓厚的学习兴趣。

教师要想深入了解学生实际情况，与学生拉近距离，可运用"剪映"软件并结合自身教学技能和拍摄技能，在感染学生的同时，让学生感受到学以致用的乐趣！深入学生当中，这样不仅可以调动学生学习积极性，还能用自己的行动去感染学生。

比如，学生在跑步过程中，体育教师可以与学生一起跑步，运用手机"剪映"功能，记录运动打卡时光，将其在一些班会课或者下雨天室内课播放，复盘课堂训练质量。剪辑出来的视频还可作为家中的体育作业。

当学生看到运动打卡的有趣情景时，会表现出对教师与课堂的认可与喜爱，

---

① 本文为潮州市韩附实验学校章烁驰所作。

这样一来学生就会更加信任教师，激发学习兴趣，积极主动地参与到教学中。"剪映"可以慢放动作视频，比如跑步姿势，学生在室内看视频过程中可以在头脑中建立运动表象。

同时，教师可定期开展视频回放、测试活动，以测促练，课堂上以赛促练，能够在安全有序的情况下安排见习学生拍摄测试过程。运动表现过程一定程度上满足学生渴望被关注的心情与好胜心，实现课堂有效合作，使学生主动跟紧教师脚步进行学习。体育教育针对的不仅是学生的身体，还有学生的运动心理。只要师生课堂关系和谐，学生就能通过单元化教学与测试不断地进步，深刻感受体育精神，逐步有效地形成终身体育意识。

（2）加强科学训练，合理设计安排。

初一阶段学生体能参差不齐，对体育课堂兴趣不一。因此在完成一些动作练习后，运动视频教学内容可发挥优等生的带头作用，学生分组进行教学练习，教师巡回指导。

在学生认知方面，无论从体育与健康方面，还是从升学考试目标方面，训练周期宜由易到难，与学生达成共识。在身体素质训练方面，重视学生的综合能力训练，如身体协调性、一般力量；循序渐进，对耐力素质进行科学训练，从呼吸节奏到步伐节奏，跑圈数由少到多慢慢增加，等等。

呼吸是个抽象的教学点，用"剪映"中的图画功能可以在呼吸时间上增加一些区间贴纸，结合教师呼吸示范，可以加深学生对呼吸动作的理解。

教师应对不同学生、不同班级制订不同年级、学期教学大纲计划。根据两届初三中考体育带考实践经验制订训练计划，不同跑步、垫步技术能提升协调性、核心力量、柔韧性，需要穿插在课堂教学当中。

运用"剪映"剪辑视频，将所有教学单元做成各个单元的教学视频，每学期遇见不同的学生，备课可以根据视频去完善教学单元，建立可检视化的教学体系。

①基础耐力训练（录制成视频，剪辑讲解）。

重视呼吸节奏、步伐节奏，可以借助现代跑步配速音乐，让学生进行跑圈数或者跑时间训练，逐步感受音乐节奏、呼吸节奏、步伐节奏。

②变速跑训练（录制成视频，剪辑讲解）。

借助莱格尔音乐，让本来枯燥的变速跑训练拥有音乐的成分。在学生进行慢跑接龙、直道加速弯道慢跑的教学过程中，可以播放现代音乐或者学生喜欢的音乐活跃课堂氛围。

③速度耐力训练"定时跑"（录制成视频，剪辑讲解）。

每个班学生能力不一，因此可以将学生的成绩录入电脑，进行排序，让能力相当的学生排列在一组进行不同要求的定时跑训练。

④完整的测试训练（录制成视频，剪辑讲解）。

让学生习惯跑前的热身，并在学生测试过程中拍摄整个测试过程，通过"剪映"，在视频画面中插入秒表（见图10-23），其目的是让学生化抽象为具体，感受不同能力下的时间感与速度感，"知己知彼，百战不殆"。

图10-23　学生现场测试

（3）掌握课程大纲计划，设计安排兴趣课堂。

跑步是一项长期训练的运动，教师为不同学生制定不同耐久跑训练计划大纲，结合教师传授的方法和学生自身的耐力，还可以在课程大纲之外满足学生兴趣，如踢足球、打篮球、打羽毛球等其他体育项目。这部分训练不仅可以增强学生的腿部肌肉，还能提升他们的耐力。教师可将关于此类活动的注意事项、专业知识录制成视频，剪辑讲解，以丰富学生的课堂。

这样的一个耐久跑训练模式，尊重学生的身体发展与运动心理，教师结合了学生实际情况，尊重学生之间的差异性。例如，开展跑步训练时，将班级所有的学生列为一排，从后往前依次进行领跑，只有这样才可以让学生在跑步过程中产生兴趣，有利于学生在不同阶段对自身耐力能力定位清晰，同时方便教师对不同学生设置科学的提升目标。

教师应不断对教学方法和教学方式进行优化与调整，借助现代多媒体设备来辅助教学，如音乐、视频录制、剪辑，将学生兴趣点与技术融合在一起，高度重视中考项目技术指导，把控学生体育技能提升需求，以此来保障体育中考教学效果。学生可以更直观看到运动技巧，有助于其加深对相关动作的掌握。同时，教师可以将游戏融入课堂教学中，让学生在游戏过程中更好地进行锻炼，不仅可以激发学生学习热情，还能保障训练效果的提升，为学生在中考时获得好成绩打下良好基础。

2. 总结

教师制订了课程大纲计划，以现代多媒体设备来辅助教学、测试数据，改进了课堂评价方式，将学生的个性化与个体目标相结合，做到了因材施教，使学生逐步对学科搭建起自信心，成绩自然立竿见影。

有针对性地进行评价与引导，让学生在教师的评价下及时地了解自身存在的问题，进而让学生科学合理分配时间，针对自己的不足加强训练，为学生在中考体育中取得优异成绩打下良好基础，从根本上促进中学生全面发展。

综上所述，初中体育耐久跑教学可以运用现代多媒体工具，如"剪映"，去创造一个方便学生理解的体育教学、体育课堂。

第十一章

AI工具

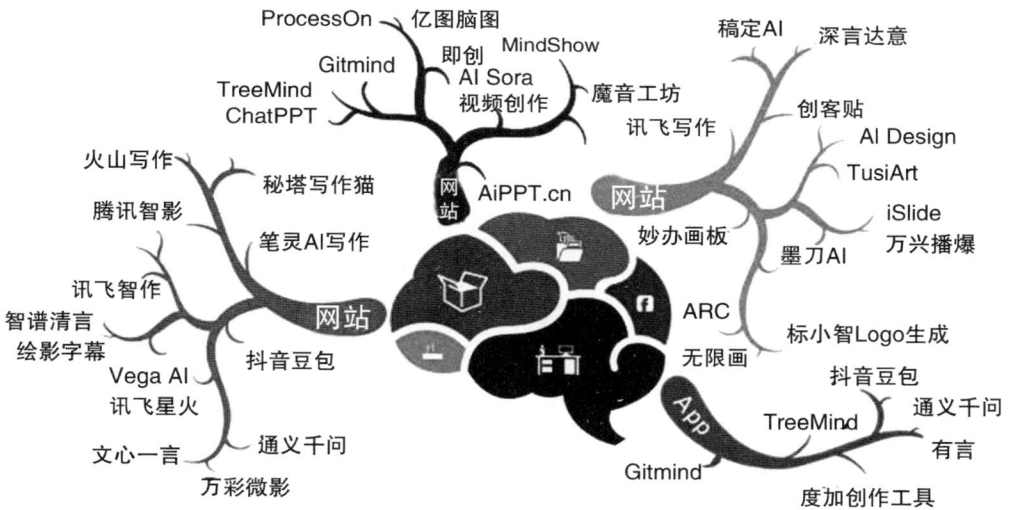

网站
- ProcessOn
- 亿图脑图
- 即创
- MindShow
- Gitmind
- AI Sora
- 视频创作
- 魔音工坊
- TreeMind
- ChatPPT
- 讯飞写作
- AiPPT.cn

网站
- 火山写作
- 秘塔写作猫
- 腾讯智影
- 笔灵AI写作
- 讯飞智作
- 智谱清言
- 绘影字幕
- 抖音豆包
- Vega AI
- 讯飞星火
- 文心一言
- 通义千问
- 万彩微影

网站
- 稿定AI
- 深言达意
- 创客贴
- AI Design
- 讯飞写作
- TusiArt
- 妙办画板
- iSlide
- 墨刀AI
- 万兴播爆
- 标小智Logo生成

APP
- ARC
- 无限画
- 抖音豆包
- TreeMind
- 通义千问
- 有言
- Gitmind
- 度加创作工具

一、　基本情况

　　AI，即人工智能，自 20 世纪 50 年代以来便开始了其漫长而曲折的发展历程。在初期阶段，AI 技术主要集中在机器翻译、自然语言处理、计算机视觉等领域，但由于技术条件和计算机硬件的限制，进展相对缓慢。进入 20 世纪 80 年代，随着技术的突破和计算机硬件的发展，AI 技术开始取得显著的进步。其中，第一个成功实现 AI 技术的语言模型 ELIZA 的出现，为 AI 技术的发展注入了新的动力。此后，机器学习算法的兴起进一步推动了 AI 技术的蓬勃发展，使其成为各行业的重要工具。

　　AI 是一门研究、开发用于模拟、延伸和扩展人的智能的理论、方法、技术及应用系统的新技术科学。它是计算机科学的一个分支，旨在生产出一种能以人类智能相似的方式做出反应的智能机器。AI 领域的研究包括机器人、语言识别、图像识别、自然语言处理和专家系统等。目前，AI 技术已经广泛应用于各个领域，如金融、医疗、教育等，为人类社会的发展带来了极大的便利和推动力。其中，AI 在课堂教学中的应用主要体现在以下几个方面：

　　（1）个性化学习：AI 技术可以根据学生的学习习惯、能力水平等因素，为每个学生提供个性化的学习计划和资源，从而提高学习效果。

　　（2）个性化学习智能评估：AI 技术可以对学生的作业、考试等进行智能评估，为教师提供详细的分析报告和反馈意见，帮助教师更好地指导学生。

　　（3）虚拟教师：AI 技术可以模拟人类教师的行为，为学生提供在线答疑、辅导等服务，解决学生在学习中遇到的问题。

　　（4）智能推荐：AI 技术可以根据学生的学习历史和兴趣偏好，推荐相关的学习资源和课程，帮助学生拓展知识面和兴趣爱好。

　　（5）互动学习：AI 技术可以通过虚拟现实、增强现实等技术手段，为学生提供沉浸式的学习体验，增强学习的趣味性和互动性。

　　AI 技术在课堂教学中的应用越来越广泛，为教育事业的发展带来了新的机遇和挑战。未来，随着技术的不断进步和应用场景的不断拓展，AI 技术将在教育领域发挥更加重要的作用。

二、 各类 AI 工具

（一） AI 写作、 聊天工具

抖音豆包	工具类型：App／网站 网址：https：／／www.doubao.com／chat／ 工具简介： 提供聊天机器人、写作助手以及英语学习助手等功能，它可以回答各种问题并进行对话，帮助人们获取信息	通义千问	工具类型：App／网站 网址：https：／／tongyi.aliyun.com／ 工具简介： 覆盖语言、听觉、多模态等领域，致力于实现接近人类智慧的通用智能，让AI 从"单一感官"到"五官全开"
讯飞星火	工具类型：网站 网址：https：／／xinghuo.xfyun.cn／ 工具简介： 讯飞星火认知大模型是科大讯飞发布的大模型。该模型具有 7 大核心能力，即文本生成、语言理解、知识问答、逻辑推理、数学能力、代码能力、多模交互，对标 ChatGPT	文心一言	工具类型：网站 网址：https：／／yiyan.baidu.com／ 工具简介： 既能帮助教师书写各类型文案、读文档，又能答疑解惑，帮助人们获取信息、知识和灵感

智谱清言	工具类型：网站 网址：http：//chatai.xingyize.com/ 工具简介： 基于 GLM 模型开发，支持多轮对话，具备文案和长文档解读、AI 搜索、数据分析及信息归纳总结等能力	火山写作	工具类型：网站 网址：https：//writingo.net/document？docId＝1 工具简介： 帮助用户提升写作效率和质量，集成了创作、润色、纠错、改写、翻译等多种功能，特别适合职场人士、科研人员和学生等日常接触写作的群体
秘塔 写作猫	工具类型：网站 网址：https：//xiezuocat.com/ 工具简介： 集智能写作、文本校对、改写润色、自动配图、翻译朗读等功能于一体，帮助用户进行 AI 写作，生成高质量文章	笔灵 AI 写作	工具类型：网站 网址：https：//ibiling.cn/ 工具简介： 专为提高写作效率而设计，提供 AI 模板写作、AI 论文写作、AI 痕迹降低、AI 论文降重以及 AI 对话等服务，是国内领先的 AI 写作助手与智能工具
讯飞写作	工具类型：网站 网址：https：//huixie.iflyrec.com/ 工具简介： 基于讯飞星火认知大模型能力，支持多场景写作，提供心得体会、论文大纲、会议纪要、工作汇报、视频文案、求职简历、PPT 大纲等各类写作模板，支持 AI 对话，激发用户的创作灵感	深言达意	工具类型：网站 网址：https：//www.shenyandayi.com/ 工具简介： 是一款智能写作工具，具备强大的语言理解和算法能力。它可以根据模糊描述，帮助作者快速找到更加恰切的表达方式，从而使文章更加深入、准确

（二）　AI 设计、 图像生成工具

稿定 稿定 AI	工具类型：网站 网址：https：//www. gaoding. com/ 工具简介： 提供多种 AI 设计工具，包括 AI 设计、AI 绘图、AI 素材及文案等，让用户轻松实现高质量、高效率的设计创作，节省时间成本	墨刀 AI	工具类型：网站 网址：https：//modao. cc/ 工具简介： 拥有强大的 AI 生成能力，支持 AI 对话、AI 生成组件、AI 生成原型页面、AI 文字填充，是更迅速、更智能的 AI 助手，能轻松应对多元工作场景
创客贴	工具类型：网站 网址：https：//www. chuangkit. com/ 工具简介： 极简好用的平面设计作图软件，在线图片编辑器，可免费使用。提供免费设计模板，拥有丰富的素材，支持智能设计、智能抠图、AI 生图、在线图片编辑等功能	AI Design	工具类型：网站 网址：https：//ailogo. qq. com/ 工具简介： 腾讯自研的智能设计平台，可以根据品牌名称、关键词和颜色等要素，快速生成多种风格的 Logo
妙办画板	工具类型：网站 网址：https：//imiaoban. com/ 工具简介： 画图软件工具，可生成专业的示意图、思维导图、流程图、组织架构图、脑图、关系图、结构图等；大量作图模板让用户快速上手作图	无限画	工具类型：网站 网址：https：//588ku. com/ai/wuxianhua/ 工具简介： 是一款方便、快捷并基于人工智能技术的免费 AI 绘画和创作平台，提供多种 AI 绘画工具和 AIGC 创作功能，如 AI 抠图、AI 写作等

标小智 Logo 生成	工具类型：网站 网址：https：//www.logosc.cn/ 工具简介： 智能 Logo 在线设计生成器。只需输入 Logo 名称，选择相关行业，选择适合的品牌色系和字体风格，即可自动生成 Logo，助用户打造个性品牌	Vega AI	工具类型：网站 网址：https：//www.vegaai.net/ 工具简介： 是个功能强大的插画创作平台，支持文生图、图生图、条件生图等多种绘画模式，还兼具文生视频、图生视频等功能，操作简单快捷，帮助用户快速生成高质量画面
ARC	工具类型：网站 网址：https：//arc.tencent.com/zh/index 工具简介： 是一个免费的 AI 实验项目，提供人像修复、人像抠图和动漫增强三项功能。使用这些工具可以帮助用户处理模糊的照片、抠出人像、增强动漫照片的线条感等	TENSORART TusiArt	工具类型：网站 网址：https：//tusiart.com/ 工具简介： 是一个免费的在线生图 AI 网站，具备强大的 AI 绘画工具、文生图、换脸造型、图片转视频和 Stable Diffusion 模型等功能

（三）　AI 思维导图、演示文稿生成工具

Gitmind	工具类型：App/网站 网址：https：//gitmind.cn/ 工具简介： 是一个能够利用 AI 自动生成思维导图的在线工具，只需输入一个主题或者上传文档，AI 会自动生成一个完整又清晰的思维导图；选中任意一个节点后，也可以快速生成脑图	TreeMind	工具类型：App/网站 网址：https：//shutu.cn/ 工具简介： 是一个基于 AI 人工智能的在线思维导图工具，提供海量知识导图、素材资源，支持一键 AI 生成导图；支持分屏浏览，可以实现边看资料边做导图

ProcessOn ProcessOn	工具类型：网站 网址：https：//www. pro-cesson. com/ 工具简介： 是一个专业在线作图工具和知识分享社区，提供 AI 生成思维导图流程图，支持思维导图、流程图、组织结构图、网络拓扑图、鱼骨图、UML 图等多种图形，同时可实现人与人之间的实时协作和共享	Ɔedraw亿图 亿图脑图	工具类型：网站 网址：https：//www. edrawsoft. cn/ 工具简介： 输入一段话，智能助手将快速输出对应场景方案，可一键生成思维导图、智能注释、文案润色等，提供丰富的布局、样式、主题及配色方案，让创作高颜值思维导图变得简单
AiPPT.cn AiPPT. cn	工具类型：网站 网址：https：//www. aippt. cn/ 工具简介： 结合最新 AI 技术，为用户提供一键生成高质量 PPT 的解决方案。无论是职场展示、教育课件还是销售报告，该软件均能快速生成符合需求的专业 PPT，简化设计流程，提升工作效率	ChatPPT	工具类型：网站 网址：http：//www. chat-ppt. com/ 工具简介： 基于 AI Chat 指令式内容生成与创作，辅助职场办公人工更高效地创作 PPT 文档，目前接入超过 350 + 指令集，可以在 1 分钟内完成全篇 PPT 生成、设计与排版

	工具类型：网站 网址：https://www.islide.cc/ 工具简介： 简单、好用的 PPT 插件，拥有 30 万 + 原创可商用 PPT 模板、PPT 主题素材、PPT 案例、PPT 图表、图标、插图和 800 万 + 正版图片，提供 38 个设计辅助实用功能，支持一键设计 PPT		工具类型：网站 网址：https://www.mind-show.vip/workstation/#/home_ page? #/ 工具简介： 输入主题，一键生成 PPT 标题、大纲，自动填充内容，支持 8 000 字长文本上传，AI 总结归纳、提炼要点，触手可及，立即免费使用
iSlide		MINDSHOW MindShow	

（四） AI 音频、 视频生成工具

	工具类型：网站 网址：https://www.moy-in.com/ 工具简介： 是一款可以在线将文字转成语音的智能配音产品，提供不同性别、不同口音的真人声音，在用户输入文字后直接配音，并支持修改多音字、重音、连读等，是一款功能强大 AI 语音合成神器		工具类型：网站 网址：https://peiyin.xunfei.cn/seospread/ai/List_1.html 工具简介： 是一个 AI 创作平台，为用户提供快速高效的音视频制作服务。用户只需简单地输入文本、选择发音人或虚拟形象，并导入 PPT 文件，即可一键操作完成语音、视频的制作
魔音工坊		讯飞智作	

绘影字幕	工具类型：网站 网址：https：//huiyingzimu.com/ 工具简介： 自动生成视频字幕，可在线编辑、导出，操作简单，轻松制作字幕。该软件采用语音识别技术，快速准确识别视频中的说话内容，生成视频字幕，快速导出视频	万彩微影	工具类型：网站 网址：https：//www. ani-miz. cn/microvideo/ 工具简介： 是一款全能的AI智能短视频制作软件合集，专门制作热门的手绘动画视频、文字动画视频，还能一键把图文/文章/PPT转换为视频
即创	工具类型：网站 网址：https：//aic. oceanengine. com/login 工具简介： 提供AI视频创作、图文创作和直播创作三大功能，借助AI的能力节省短视频和直播的成本和时间，全方位满足短视频和抖音电商从业者的创作需求	万兴播爆	工具类型：网站 网址：https：//virbo. won-dershare. cn/ 工具简介： 提供AI数字人定制服务，只需简单输入关键词，即可轻松生成真人营销视频。该软件拥有上百套专业级模板，多国籍逼真数字人，涵盖各种场景视频需求
AI Sora 视频创作	工具类型：网站 网址：https：//asspcz. nbjlxn. cn/h5/sora/i. html？self_os＝1&platform_id＝24&app_id＝1121&agency_id＝162&channel _ id＝17385&qhclickid＝035baca439b0f0a5 工具简介： 输入主题描述、画面描述、画面风格、视频尺寸及配音风格等，即可一键转为视频，30秒快速制作生动有趣的原创视频	腾讯智影	工具类型：网站 网址：https：//zenvid-eo. qq. com/ 工具简介： 是一个云端智能视频创作工具，集素材搜集、视频剪辑、渲染导出和发布于一体的免费在线剪辑平台，拥有强大的AI智能工具，支持文本配音、数字人播报、自动字幕识别、文章转视频、去水印等功能

	工具类型：App 工具简介： 人人可用的 AIGC 创作工具网站，拥有一站式聚合百度 AIGC 能力，引领跨时代的内容生产方式，其主要功能包括 AI 成片、AI 笔记、AI 数字人等		工具类型：App 工具简介： 是一款原生 3D 内容 AIGC 产品，可以实现 3D 视频一键生成。用该软件创作视频，无须拍摄，无须真人出镜，有上千个高质量超写实 3D 虚拟人角色库可供选择
度加创作工具		有言	

（五）工具推荐

通义千问

（1）工具概述。

通义千问是由阿里云研发的一款先进的人工智能语言模型，其核心功能在于理解和生成人类自然语言，能够提供精准详尽的问题解答服务。它基于海量的数据训练而成，具备深厚的知识储备，可以涵盖科技、文化、历史、生活等各类主题。无论是专业领域的知识查询、日常生活的疑问解答，还是新闻时事的解读分析，通义千问都能以接近真人对话的方式，实时为用户提供高质量的信息反馈。

此外，通义千问还具备多轮对话、文案创作、逻辑推理、多模态理解、多语言支持等功能。它融入了多模态的知识理解，可以续写小说、编写邮件等，具备文案创作能力。同时，它还支持多种语言交互，满足不同用户群体的需求。

（2）通义千问的使用方法。

①注册与登录：下载并安装"通义千问"App 或者登录网页版。打开 App，点击注册按钮，根据提示填写相关信息完成注册。注册成功后，使用手机号或邮箱登录。

②提问与搜索：在首页的搜索框内输入想要了解的问题或关键词（见图 11-1）。点击搜索按钮，系统将展示相关的问题和答案。如果问题在搜索结果中没有找到，可以尝试优化关键词或提交新问题。

图 11 - 1　"通义千问"主页面

③工具箱：点击"效率"按钮打开工具箱，可以实现听课开会实时记录，如实时语音转文字，帮助用户同步翻译，智能总结要点（见图 11 - 2）；上传各类文档，可分析文档中的关键内容信息，或者添加网页链接，还能智能总结网页内容概述和主要观点等。

图 11 - 2　"通义千问"工具箱

除了通义千问，本章中介绍的各种 AI 写作、聊天工具功能基本大同小异，读者可根据自己的喜好选择使用，以快速解决生活工作中的各类问题，提高生活工作效率。

创客贴

（1）工具概述。

创客贴集创意内容和 AI 算法于一体，旨在为用户带来更加便捷和高效的创意设计体验。创客贴在 AIGC（人工智能生成内容）领域有着深入的战略布局，已经沉淀了自己的 CV 模型、推荐模型、合规检测模型、渲染模型等，使得应用场景得到了进一步的拓宽。

通过创客贴，用户可以实现智能消除、智能改图、智能外拓、图片变清晰和图片编辑器等多种图片编辑功能，如图 11 - 3 所示。

图 11 - 3　"创客贴"图片编辑功能

创客贴除了有丰富的图片编辑功能外，还具有文生图、文生素材、图生图、照改漫和文生绘本等多种 AI 生图功能，如图 11 - 4 所示。

图 11 - 4　"创客贴"AI 生图功能

（2）创客贴的使用方法。

①登录创客贴：访问创客贴官网，并登录账户。

②图片编辑功能。

智能消除：用户在创客贴的图片编辑功能中，选择"智能消除"工具，然后在图片上选择想要消除的物体或区域。系统会自动识别和消除这些部分，让图片看起来更加整洁，如图 11 - 5 所示。

图 11 - 5　"创客贴"智能消除功能

智能改图：选择"智能改图"功能，用户可以对图片进行各种调整，先上传所要修改的图片，在图片上标记修改区域，描述修改的内容，即可立即实现智能改图，如图 11 - 6 所示。

图 11 - 6　"创客贴"智能改图功能

智能外拓：通过"智能外拓"功能，用户可以扩展图片的边界，增加图片的视野或背景，如图 11 - 7 所示。这对于需要更大画布空间的图片编辑非常有用。

图 11 - 7　"创客贴"智能外拓功能

图片变清晰：如果用户的图片质量不高或模糊，可以使用"图片变清晰"功能。这个工具可以自动提升图片的分辨率和清晰度，让图片看起来更加锐利和清晰，如图 11 - 8 所示。

图 11 - 8   "创客贴"图片变清晰功能

　　图片编辑器：用户可以使用创客贴的图片编辑器来对图片进行更精细的编辑。这个编辑器提供了各种工具和选项，如裁剪、滤镜、加水印等，能满足众多编辑需求，如图 11 - 9 所示。

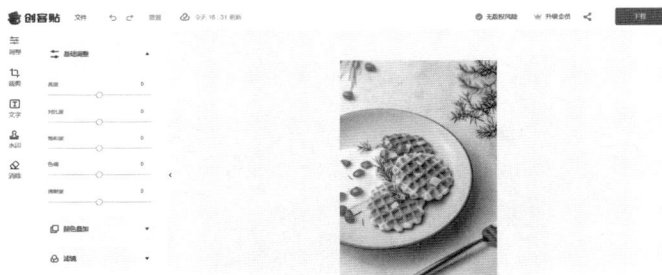

图 11 - 9   "创客贴"图片编辑器功能

　　③AI 生图功能。
　　文生图：在 AI 生图功能中，用户选择"文生图"工具，然后在输入框中输入想要的文本描述或关键词。系统会根据描述生成与之匹配的图片，用户可以选择不同的绘画风格或效果来定制图片，如图 11 - 10 所示。

图 11 - 10   "创客贴"文生图功能

文生素材：类似于文生图功能，但生成的是设计素材而不是完整的图片。用户输入关键词或描述，系统会根据这些信息生成适合的设计素材，如图标、背景、纹理等，如图 11 – 11 所示。

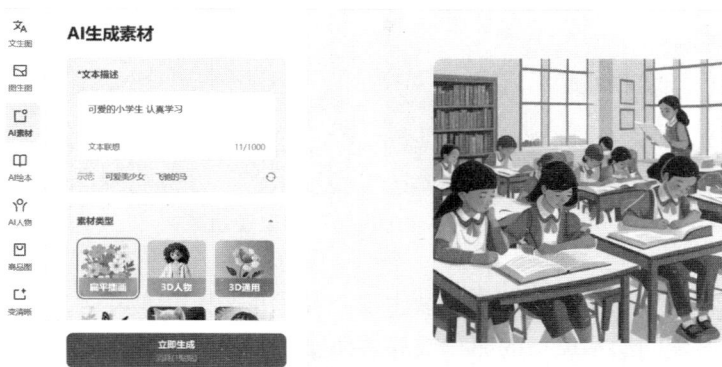

图 11 – 11 "创客贴"文生素材功能

图生图：用户选择"图生图"功能，并上传一张图片作为参考，然后添加简要的文字指引或描述想要的修改或变化，系统会根据指引和参考图片生成新的图片，如图 11 – 12 所示。

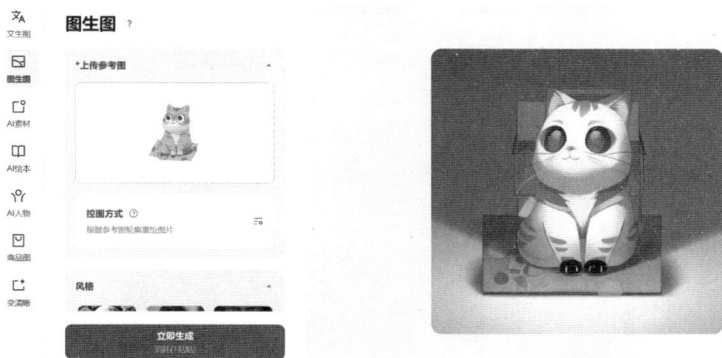

图 11 – 12 "创客贴"图生图功能

照改漫：如果想将一张照片转换为漫画风格的图片，可以使用"照改漫"功能。用户上传照片后，系统会自动将其转换为漫画风格的图片，如图 11 – 13 所示。

图 11 - 13　"创客贴"照改漫功能

文生绘本：用户输入一段文本描述或故事，并选择绘本风格，系统会根据描述生成与之匹配的绘本风格的图片或故事插图，如图 11 - 14 所示。

图 11 - 14　"创客贴"文生绘本功能

文生人物：用户输入关于人物的描述或关键词，如"萌宠"，系统会根据这些描述生成相应的人物形象或角色设计，如图 11 - 15 所示。

图 11 - 15　"创客贴"文生人物功能

　　线稿上色：如果想为一张线稿或草图上色，可以使用"线稿上色"功能。用户上传线稿后，可以选择颜色并应用到不同的区域上，从而完成上色过程，如图 11－16 所示。

图 11－16　"创客贴"线稿上色功能

　　人物姿势识别：这个功能可以帮助用户识别和调整图片中人物的姿势。用户上传一张包含人物的图片后，系统可以自动识别人物的姿势并提供调整选项（见图 11－17）。用户可以根据需要进行微调，以优化人物的姿势和动作。

图 11－17　"创客贴"人物姿势识别功能

　　当用户对生成的图像满意后，可以选择下载或分享，就可以将生成的图像用于项目或分享了。使用创客贴时，用户需要遵守其使用规定和版权要求，确保所生成的内容符合法律法规和道德规范。

三、 教学研究

AI 技术助力教学减负增效①

　　AI 技术在教学方面发挥着越来越重要的作用，作为新时代的教师，掌握一定的 AI 技术可以帮助我们获取丰富的教学资源，减轻我们的教学负担。

　　1. AI 技术助力教师获取丰富教学图片资源

　　教师在备课的过程中，经常需要用到大量的图片来展示教学内容，若网络资源无法满足要求，可以尝试使用 AI 技术帮助绘图。

　　(1)"浦育"AI 绘画。

　　在浏览器输入网址：https://www.openinnolab.org.cn/pjedu/home，进入网站主页，点击"AI 体验"中的"AI 绘画"，对所需要设计的图片进行创意描述，并设置图片尺寸，即可自动生成图片，如以"高中化学、实验室、化学实验仪器""春天、田野、阳光、动物、游人、春色、绿色"为图片关键词进行 AI 绘画（见图 11 - 18）。若对生成的图片满意，可以点击"下载"按钮，将图片保存到电脑上。

图 11 - 18　"浦育"AI 绘画

　　(2)"文心一言"AI 绘画。

　　在浏览器搜索"文心一言"，或者输入网址：https://yiyan.baidu.com/，进入"文心一言"官网，在对话框中输入想要的图片描述，点击回车，即可自动生成相应图片。若对 AI 绘制的图片不满意，可以点击"重新生成"按钮重新绘制，如以"消防员""热辣滚烫"为主题进行绘画（见图 11 - 19）。另外，"文心一言"除了有 AI 绘画的功能外，还可以帮助我们书写文章，极大地提高了我们的工作效率。

---

　　① 本文为惠来县第二中学佘少娟所作。

图 11-19　"文心一言"AI 绘画

　　除了利用 AI 绘画功能外，我们也可以借助网络平台获取丰富的图片资源，如"觅元素""千库网""花瓣网"等具有丰富的 PNG、GIF 图片资源，教师可以动手实践一下。

　　2. AI 技术助力教师快速制作 PPT 演示文档

　　教师在日常教育教学过程中，经常需要将文档或某个主题转化为 PPT 演示文档。若使用 AI 制作，将大大提高教师工作效率，减轻教师们的工作负担。

　　(1) "讯飞智文"一键生成 PPT。

　　在日常的教学中，教师经常需要根据某个主题书写文章，并制作相应的 PPT 演示文档，这给工作造成了负担，下面推荐"讯飞智文"网站，帮助教师们一键生成 PPT 文档。

　　网页搜索"讯飞智文"，或输入网址：https：//zhiwen. xfyun. cn/，进入"讯飞智文"官网，点击"PPT 创作"进行 AI 创作。

　　若没有相应的 PPT 讲稿，可以选择"主题创建"，AI 可以帮助我们根据某个主题书写 PPT 大纲，选择 PPT 模板主题，即可一键生成对应的 PPT 文档。若有相应的 PPT 讲稿，可以点击"文本创建"，将文稿复制至网页，即可一键生成对应的 PPT 文档。下面以"消防安全"为主题进行演示，如图 11-20 所示。

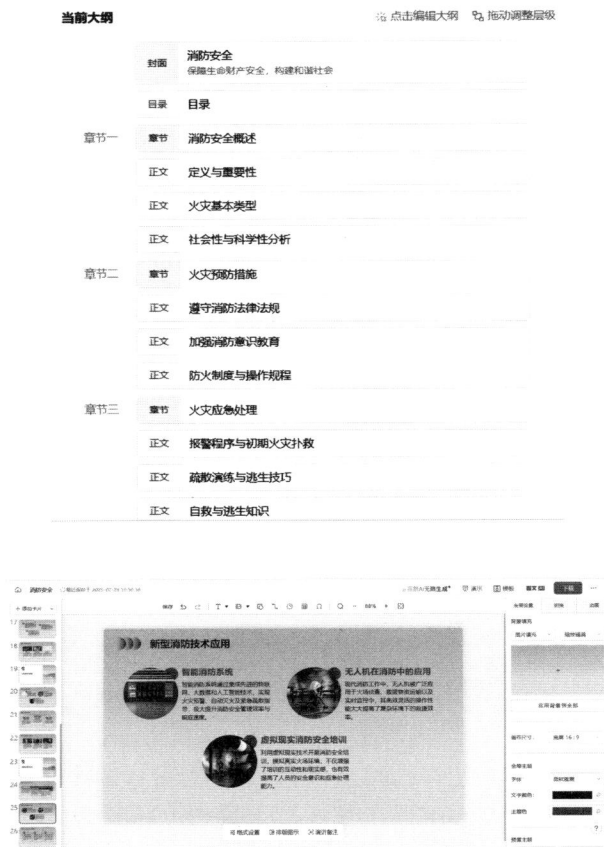

图 11 - 20　"讯飞智文"一键生成 PPT

（2）"iSlide" AI 智能生成 PPT。

在浏览器输入网址：https：//www.islide.cc/，输入对应主题，即可自动生成 PPT 提纲。若对所生成的文本满意，可点击"生成 PPT"，一键生成 PPT，可以选择"一键换肤"更换自己喜欢的 PPT 模板。下面以"高考冲刺攻略"为主题进行演示，如图 11 - 21 所示。

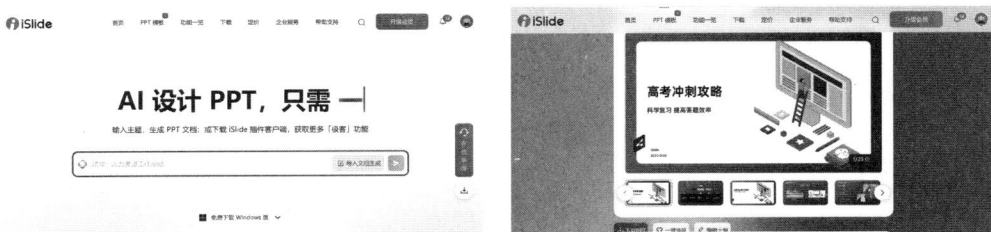

图 11 - 21　"iSlide AI"一键生成 PPT

除了用 AI 技术进行 PPT 制作，我们还可以借助 "优品 PPT"（见图 11-22）"觅知网""千库网"等下载丰富的 PPT 模板资源。

图 11-22　"优品 PPT"网站截图

3. AI 技术助力教师快速制作教学视频

制作微课、教学视频已经成为教师必须掌握的一项技能，但很多教师忙于日常的教学教研活动或对视频制作软件掌握不熟练，无法独立完成，给教师们造成很大困扰，下面介绍几种快速制作教学视频的方法：

（1）"万彩动画大师"一键生成动画微课。

打开 "万彩动画大师"，点击 "智能成片"，再点击 "自定义文本"，将写好的视频文本复制至 "万彩动画大师"，然后点击 "开始匹配"，设置动画场景、配音和角色，最后点击 "生成工程"，即可一键生成动画微课，如图 11-23 所示。

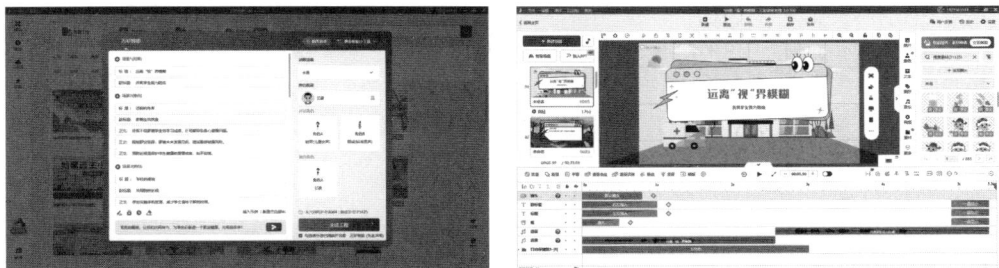

图 11-23　"万彩动画大师"一键生成动画微课

（2）"剪映"一键生成教学视频。

打开 "剪映"，选择 "文字成片"，将视频文本复制至 "剪映"，点击 "生成视频"，即可一键生成视频，并进行 AI 配图和配音，教师们可以根据个人需要进行修改编辑，如图 11 - 24 所示。

图 11 - 24　"剪映"一键生成教学视频

"剪映"还具有强大的抠像功能，导入教师录制好的绿布或者白墙背景视频素材，点击"智能抠像"，即可一键删除背景，还可以调节亮度、肤色等（见图 11 - 25），帮助教师在家轻松制作虚拟录播微课。

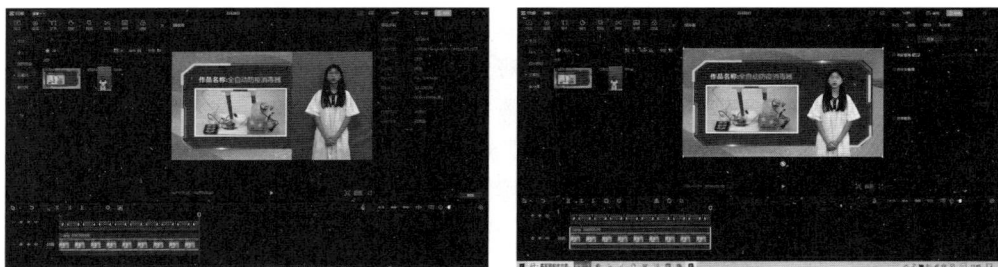

图 11 - 25　"剪映"一键抠像

AI 技术为教师的教学提供了有力的支持和帮助。通过利用 AI 技术的优势，教师们可以更加高效地组织教学活动、获取教学资源、评估学生学习成果等，提升了教学质量和效率。未来，随着技术的不断发展，相信 AI 技术在助力教师教学方面的应用将会更加广泛、深入。

第十二章

通识工具

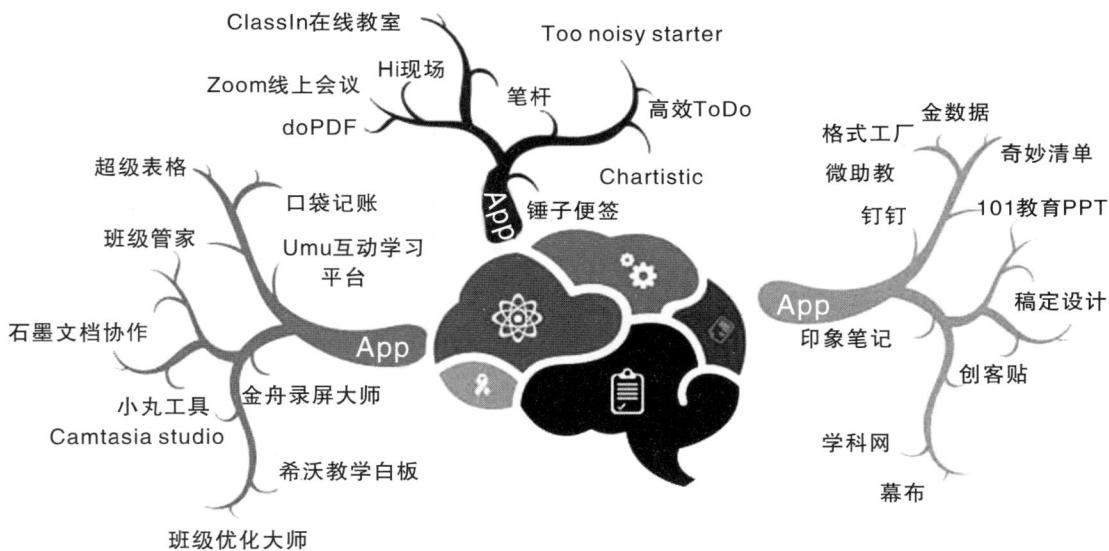

ClassIn在线教室
Too noisy starter
Zoom线上会议　Hi现场
笔杆　高效ToDo
doPDF
Chartistic
超级表格　口袋记账　锤子便签
班级管家　Umu互动学习平台
App
石墨文档协作　App
小丸工具　金舟录屏大师
Camtasia studio
希沃教学白板
班级优化大师

格式工厂　金数据
微助教　奇妙清单
钉钉　101教育PPT
App　稿定设计
印象笔记
创客贴
学科网
幕布

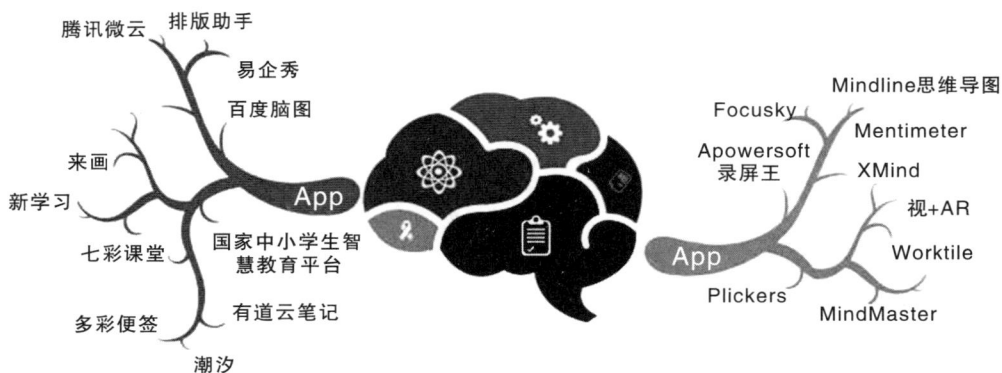

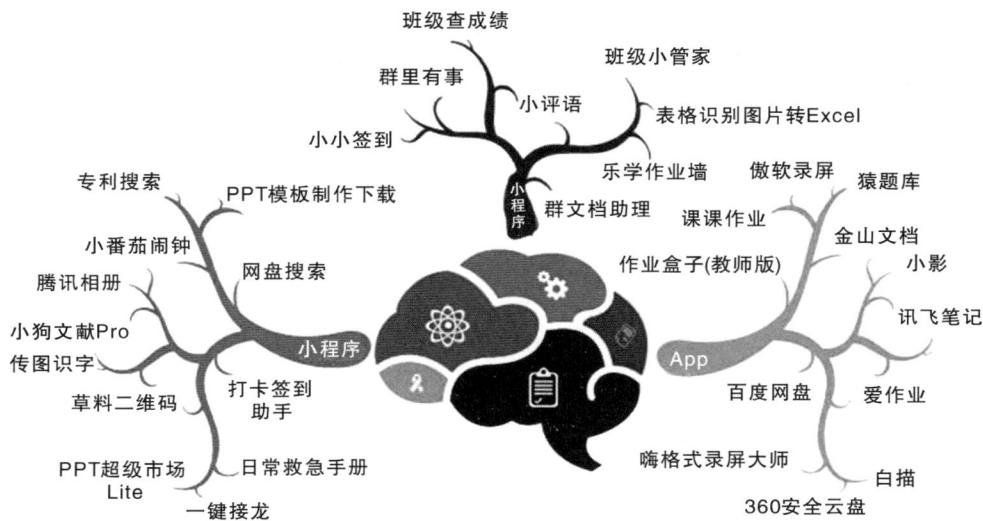

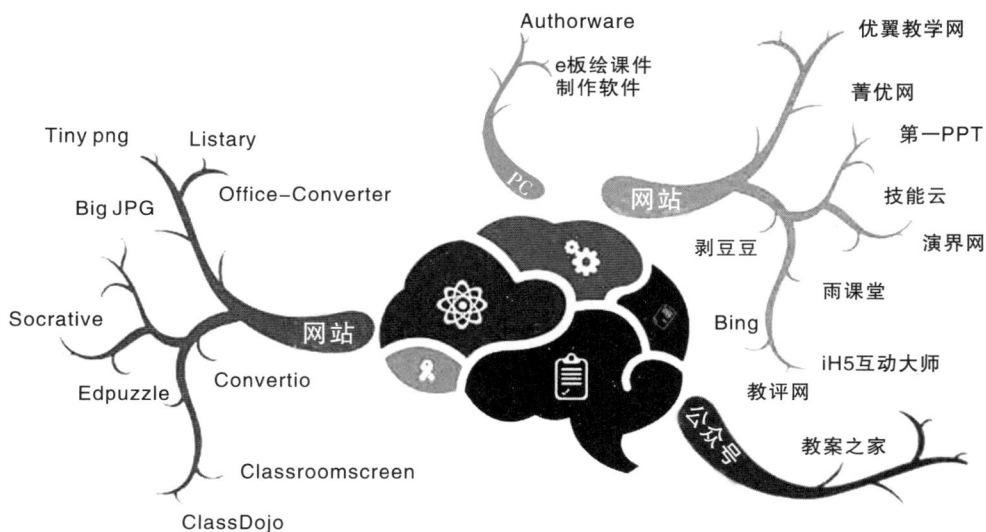

一、 基本情况

近年来，随着信息技术的迅猛发展，教育领域开启更深层次的变革，我们不得不重新思考信息化与教学体系改变带来的冲击和挑战，更应该思考如何灵活地将信息技术应用于教育的方方面面。在信息技术的支持下，交互式教学平台和教学软件工具不断地推陈出新，在教、学、练、测、评等环节深度改变了教学教育方式，有效推动了个性化学习、教学管理设计、教学变革。只有遵循教育规律，用好教学通识工具，才能进一步推动信息化与教育的深度融合。本章将介绍适合师生使用的教学通识工具。

首先，教学通识工具能解决传统教学场景下效率低的问题，提高课堂趣味性，加强家校沟通，增加用户学习数据，节省教师精力以及提高工作准确率，实现因材施教，同时能够制定更为科学的教学决策。教师将信息技术与课堂教学相融合，合理使用教学通识工具辅助教学，优化学生学习软件，这是主动适应信息化等新技术变革的有效方式。

其次，现在的教学方式日趋丰富，信息技术可以拓宽和加深课堂学习的内涵和外延。为促进教育信息化发展，目前在线学习兴起，对远程学习工具的需求也很大。多技术融合教学的方法是将信息技术有机地融合在各科教学过程中，信息技术可以把所要传授的知识形象化、直观化、具体化，使客观事物的形、色、声直接诉诸学生的感官，使其能眼见其形、耳闻其声，感官性极强。它以直观的形象、美妙的图画、艳丽的色彩、动听的音乐激发起学生强烈的学习兴趣。它将知识一目了然地展现在学生面前，通过知识形成过程的充分展开培养学生的观察能力和思维能力，使学生的学习变得轻松愉快，激发其求知欲，充分调动其学习积极性，为学生创新意识和探索精神的培养提供了良好的环境。

古语云：工欲善其事，必先利其器。善于利用新技术、新资源已经成为新时代教师的核心教学技能要求之一，为此，我们给大家汇总了以下教师常用通识工具，将其分为课堂管理互动、班级管理、信息资料收集、课件资源、常用小程序、批改作业、文件处理、多媒体处理、其他工具方面进行介绍，希望能让更多教师不再为搜集素材、整理信息、管理班级等而苦恼，使得课堂教学能更好聚焦素养，为课前赋能，给学生提供主动探究的资源，也能更好地在课中增效，为课后提质提供有力支撑，同时，为推进基础教育向高质量发展迈进贡献自己的力量。

二、 各类通识工具

（一） 课堂管理互动

	工具类型：App 工具简介： 可通过视频会议和群直播方式实现线上教学，主要包括音/视频直播、播放课件、屏幕共享、课堂讨论、直播回放、弹幕、发布试题等功能		工具类型：App 工具简介： 是一款课堂实时监控教室噪声的神器，督促学生自觉遵守课堂纪律
钉钉		Too noisy starter	

（二） 班级管理

	工具类型：App 工具简介： 不管是在课堂还是在课余时间，教师都可以根据预先设定的评价项目随时对学生进行评价记录，一切自动化，并可同步至家长手机端		工具类型：App 工具简介： 针对学生课堂行为管理，使师生互动教学游戏化
班级管家		班级优化大师	

	工具类型：App 工具简介： 是一款实用在线表格，可实现多人同时进行一张表格的预览、修改和共享		工具类型：App 工具简介： 是一款适合记录班费账目的软件，打开就是时间轴模式，每一笔支出可以按图标进行分类，自动生成报表
超级表格		口袋记账	

希沃 教学白板	工具类型：App 工具简介： 是一个针对信息化教学而设计的互动教学平台，以生成式教学理念为核心，为教师提供云课件、学科工具、教学资源等备授课功能	微助教	工具类型：App 工具简介： 是一个课堂互动教学应用系统，它强调的是操作简便、方便实用、有趣味性的过程性评价和教学，为教师提供在线出题、看题和查看答题数据等多种便捷教学功能
Plickers	工具类型：App 工具简介： 是一个操作简单、使用方便的课堂评价反馈统计工具。教师只需要一部手机，学生便可使用事先打印好的二维码操作	Zoom 线上会议	工具类型：App 工具简介： 将移动协作系统、云视频交互系统、在线会议系统三者融合，为用户打造便捷易用的一站式交互视频技术服务平台
ClassIn 在线教室	工具类型：App 工具简介： 是一款有多直播互动教学模式的在线教室软件，提供视频授课、学习答疑、试题练习等多样化的学习服务，还原线下面对面互动式教学的在线教室	Hi 现场	工具类型：App 工具简介： 是一个现场互动的大屏幕制作工具，为学生提供了校园版，开通校园账号后可以免费使用软件全部功能，同时它也提供免费测试环节
Umu 互动 学习平台	工具类型：App 工具简介： 是一个互动学习平台，通过学习科学和学习技术的有效结合，专注打造有效果的智能化互动学习平台	ClassDojo	工具类型：网站 网址：https：//www.class-dojo.com/ 工具简介： 是一个帮助教师管理学生行为，提高课堂质量的管理系统

Classroomscreen	工具类型：网站 网　址：https：//classroom-screen. com/ 工具简介： 是一个方便快捷的课堂科技小工具，集在线板书、点名、计时器等功能于一体，可以显示课程说明，容易与在线课堂结合	Authorware	工具类型：PC 工具简介： 可以创建互动的程序，其中整合了声音、文本、图形、简单动画，以及数字电影，是课件制作工具中应用比较广泛的平台
Socrative	工具类型：网站 网址：https：//www. socra-tive. com/ 工具简介： 是一个集课堂反馈、测试、成绩报告等功能于一体的功能强大的教学应答系统。该系统分为教师端和学生端两种登录方式	技能云	工具类型：网站 网址：http：//cqtbi. o4edu. com/Index/indexcq 工具简介： 是一个互动式课件在线教育平台，有可以在线交互实操的实用互动资源；同时是技能的数字化工具、技能课件资源分发平台
剥豆豆	工具类型：网站 网址：https：//www. bodoudou. com/ 工具简介： 是一个游戏化的课堂测评工具，教师可以创建试题，学生通过扫码大屏参与抢答，并且进行实时排名，活跃线下课堂教学场景	Mentimeter	工具类型：App 工具简介： 是一个实时互动投票的工具，可用在课堂和各种会议中，为学生提供实时互动的开放性问答

（三）　信息资料收集

有道 云笔记	工具类型：App 工具简介： 是一款办公必备的笔记应用，采用了增量式同步技术，即每次只同步修改内容而不是整个笔记，可以创建待办事项，帮助用户更好地规划时间、提升效率	Worktile	工具类型：App 工具简介： 整合课程项目与任务管理、资料收集、在线沟通等应用，支持丰富的自定义功能，满足教学个性化需求，助力教师提高管理效能
讯飞笔记	工具类型：App 工具简介： 是一款语音变文字输入的云笔记，支持录音速记、图文编排、任务提醒、朗读笔记、多端同步、分类管理等功能	石墨文档 石墨 文档协作	工具类型：App 工具简介： 支持多人在线文档协同办公，实现多终端、跨地域、随时随地在线办公，涵盖在线文档、在线表格、应用表格等内容
锤子便签	工具类型：App 工具简介： 是一种使用纯文本编写的标记语言，它可以在便签生成图片或网页时，产生格式丰富的页面排版效果	幕布	工具类型：App 工具简介： 是一个结合了大纲笔记和思维导图的头脑管理工具，用更高效的方式和更清晰的结构来记录笔记、管理任务、制订计划甚至是组织头脑风暴

金数据	工具类型：App 工具简介： 是一个在线表单工具，帮助用户收集和管理日常工作中的数据，提升工作效率。任何人都可以方便地创建出符合业务需求的表单	多彩便签	工具类型：App 工具简介： 是一款便捷的日程管理工具，可创建桌面便签，待办事项就在眼前，使用户科学管理时间，做好每一天的日程规划
奇妙清单	工具类型：App 工具简介： 是一款免费易用、功能明晰的清单软件，可以与他人分享和协作，以及提供完善的同步服务	印象笔记	工具类型：App 工具简介： 支持文字编辑、子弹列表、数字列表、复选框、删除线、截屏、录音等丰富的编辑功能，轻松满足快捷记录的全部需求，能够随时查看和修改重要笔记

（四）　课件资源

101 教育 PPT	工具类型：App 工具简介： 是一款专门服务教师备授课一体化教学的软件，不仅提供 PPT 课件制作与教学所需的资源、互动工具、学科工具等多元化功能，还提供多端录课、云端存储等教学常用功能	稿定设计	工具类型：App 工具简介： 是一款只需选择合适的模板，改字换图，即可快速设计各类图片，轻松搞定课件等的设计制作软件

Focusky	工具类型：App 工具简介： 是一款免费易上手的 PPT 制作软件，幻灯片制作软件，动画演示制作软件，课件演示、微课制作软件及宣传片制作软件	创客贴	工具类型：App 工具简介： 是一款极简好用的平面设计作图软件，提供免费设计模板，有海报、名片、公众号图片、PPT、邀请函等模板，一键搞定设计印刷
优翼 教学网	工具类型：网站 网址：https：//yy.youyi800.com/web/home 工具简介： 是一个与时俱进，及时更新的课件平台	七彩课堂	工具类型：App 工具简介： 免费使用，资源种类多且齐全，拥有优质教育资源，海量教学视频、课件、试题等学习资料
学科网	工具类型：App 工具简介： 付费使用，试卷、教案、习题、微课应有尽有，为教师提供试卷、教案、课件、备课、组卷、作业等 K12 教学资源服务以及对教学资源进行每日推荐等	e 板绘课件 制作软件	工具类型：PC 工具简介： 是一款课件制作软件，融合当今课件制作工作的高端科技，可以留下即时的书写、演算、擦拭痕迹，兼容各类强大功能
演界网	工具类型：网站 网址：http：//www.yanj.cn/ 工具简介： PPT 模板种类齐全，涉及各行各业，个别需要付费使用	第一 PPT	工具类型：网站 网址：https：//www.1ppt.com/ 工具简介： 完全免费的 PPT 课件平台，种类多，下载后可以进一步编辑修改

教案之家	工具类型：公众号 工具简介： 有齐全的名师教案、试卷、课件，供查看和下载

（五） 常用小程序

班级查成绩	工具类型：小程序 工具简介： 自动统计、智能分析班级成绩，助力家校沟通	班级小管家	工具类型：小程序 工具简介： 具备发布作业、打卡、成绩管理、调查问卷、英语跟读等功能
群里有事	工具类型：小程序 工具简介： 可在群里发布通知、签到、活动、投票、调查问卷、接龙和话题等，并迅速、准确地整理阅读情况	小小签到	工具类型：小程序 工具简介： 用于签到打卡兴趣社团等活动
乐学作业墙	工具类型：小程序 工具简介： 帮助学校教师布置作业	小评语	工具类型：小程序 工具简介： 教师期末写评语的好帮手，根据不同等级选择人数，自动生成各种评语

传图识字	工具类型：小程序 工具简介： 是一款用人工智能识别照片里的文字，并具有贴心的选词功能的服务应用小程序	群文档助理	工具类型：小程序 工具简介： 是一款办公类型的小程序，帮助各类团体组织更好地开展工作，进行团队协作，能够高效地组织信息，提高协作效率
表格识别图片转 Excel	工具类型：小程序 工具简介： 轻松识别图片中的表格，还可下载随心编辑，轻松方便，解决用户的工作生活难题	PPT超级市场 Lite	工具类型：小程序 工具简介： 是一款 PPT 文件交流工作小程序，拥有海量 PPT 模板
PPT 模板制作下载	工具类型：小程序 工具简介： 是一个 PPT 模板的搜索工具，可以根据用户需要的 PPT 风格搜索免费的 PPT 模板，最终可以通过百度云盘下载	一键接龙	工具类型：小程序 工具简介： 能有效地解决报名操作困难、信息混乱等微信群接龙问题，让群报名一键搞定
打卡签到助手	工具类型：小程序 工具简介： 是一款社交类型的小程序，管理班级和企业的每日签到打卡，提升学习工作效率	腾讯相册	工具类型：小程序 工具简介： 可安全存放照片，有免费存储空间，可自动备份。如果设备丢失或者更换，仍能完好无缺地保留所有重要内容

小番茄闹钟	工具类型：小程序 工具简介： 是一个时间管理工具，帮助用户在规定时间内专心完成一个任务，并提供任务完成统计	日常救急手册	工具类型：小程序 工具简介： 包含了各种常见病、身体伤害部位等急救和预防的方法，通俗易懂，实用性强，是家庭、学校必备的工具
网盘搜索	工具类型：小程序 工具简介： 是一款搜索网盘资源的小工具，帮助用户查找学习、娱乐资料	专利搜索	工具类型：小程序 工具简介： 可以免费快速地查找专利，提供关键词及模糊搜索，拥有极其强大的搜索功能
小狗文献 Pro	工具类型：小程序 工具简介： 融合了强大的中文文献、PubMed、ERS 等数据库，可在多个文献库中同时搜索一份文献，无须在检索工具间来回切换		

（六） 批改作业

爱作业	工具类型：App 工具简介： 家长检查作业，一键拍照，秒出结果；教师批改作业，批量拍照，一次完成，省时高效	猿题库	工具类型：App 工具简介： 是一款手机智能做题软件，免费学习，精选海量试卷习题，专业解析点拨，重难点全攻克

作业盒子 （教师版）	工具类型：App 工具简介： 是一个专为教师用户打造的移动教学管理平台，所提供的内容紧贴教学大纲，拥有强大的数据统计能力	课课作业	工具类型：App 工具简介： 是一款为家长、教师量身定做的改作业软件，只要家长将孩子的作业拍照上传，系统就可以非常智能地给出判断和解析

（七）文件处理

金山文档	工具类型：App 工具简介： 是一个可多人实时协作编辑的文档创作工具。无需转换格式，修改后自动保存，告别反复传文件的烦恼。支持设置不同成员查看或编辑权限	白描	工具类型：App 工具简介： 是一款操作便捷的办公软件，能精准识别云端文字和表格图片等，准确度极高，识别速度快，还可生成多种色彩模式的清晰扫描文档等，支持多语言识别
360 安全云盘	工具类型：App 工具简介： 是智能高效办公云盘，可以安全存储个人数据，实现多端同步、自动备份，还可在线编辑文档进行高效办公，并跨平台使用	Chartistic	工具类型：App 工具简介： 是一款超轻量的图表制作软件，能让用户通过简单直观的方法来制作各种折线图、柱形图、扇形图等专业酷炫的图表

百度网盘	工具类型：App 工具简介： 提供文件的网络备份、同步和分享服务。空间大、速度快、安全稳固，支持教育网加速，拥有超大免费存储空间	**腾讯微云**	工具类型：App 工具简介： 可以实现在多设备之间同步文件、推送照片和传输数据等
doPDF	工具类型：App 工具简介： 是一款免费的 PDF 转换器，包含缩放、质量定义和页面大小定义功能，可同时供个人和商业使用，实用性非常高	**Office-Converter**	工具类型：网站 网址：https：//cn. office - converter. com/ 工具简介： 是一个万能在线转换工具，将 PDF、图像、视频、文档、音频、电子书及压缩包等文件格式转换为其他格式
Tiny png	工具类型：网站 网址：https：//tinify. cn/ 工具简介： 是一个在线图片压缩工具，是唯一可以存储部分透明图像的广泛支持的格式，支持 PNG、JPG 和 Web 格式的图片	**Big JPG**	工具类型：网站 网址：https：//bigjpg. com/ 工具简介： 是一款设计非常智能化的图片无损放大软件，功能强劲实用，能无损地放大图片，同时不影响图片质量和画面，支持自定义参数设置
Convertio	工具类型：网站 网　址：https：//convertio. co/zh/ 工具简介： 是一个解决任何文件、任何问题的先进在线免费文档转换工具，支持超过 45 种常见格式的文档转换	**草料 二维码**	工具类型：小程序 工具简介： 免费在线二维码解码器，可以快速复用成功案例经验，拥有自由组合内容展示、表单、批量、数据统计、美化和标签排版等功能

（八） 多媒体处理

嗨格式 录屏大师	工具类型：App 工具简介： 是一款专业的录屏软件，支持视频剪辑、添加字幕、去除水印、合并视频等编辑类功能。开通会员即可解锁所有功能，拥有多样化的录制体验	金舟 录屏大师	工具类型：App 工具简介： 是一款电脑屏幕桌面录像机，支持多种常见输出格式，多级画质，满足所有主流视频平台画质要求，让电脑录屏更轻松
傲软录屏	工具类型：App 工具简介： 能够实现音画同步录制电脑桌面操作、在线会议、直播视频等活动，提供全屏录制、区域录制、画中画等多种录制视频模式	小丸工具	工具类型：App 工具简介： 是一款用于处理音视频等多媒体文件的软件，压缩后视频文件占容小，画质清晰，让视频压制变得简单、轻松
Apowersoft 录屏王	工具类型：App 工具简介： 是一款专业同步录制屏幕画面及声音的录屏软件，为教师提供良好的课程效果，注释功能多样，热键设置丰富	来画	工具类型：App 工具简介： 是一款视频编辑工具，提供动画设计和数字人创作软件及创意服务，为教培行业提供优解

小影	工具类型：App 工具简介： 拥有多种特效拍摄镜头的特效、多段视频剪辑、新潮创意的画中画，更有专业电影滤镜、字幕配音、自定义配乐等特性	Edpuzzle	工具类型：网站 网址：https：//edpuzzle.com/ 工具简介： 是一个帮助教师在线制作视频教学的工具网站，它可以提取在线的视频，并且编辑加工，教师可以加入自己的声音、设置提问等
格式工厂	工具类型：App 工具简介： 是一个免费多功能的多媒体文件转换工具，支持几乎所有类型多媒体格式到常用格式，转换过程还可修复某些意外损坏的视频文件	Camtasia studio	工具类型：App 工具简介： 可以快速地录制 PPT 视频并将视频转化为交互式录像放到网页上，可以进行屏幕操作的录制和配音、视频的剪辑和过场动画、视频压缩和播放

（九）　其他工具

新学习。 新学习	工具类型：App 工具简介： 是一个真正的教育软件平台，在现代学校治理、教师成长、理念与课程、课堂与评价、资源与装备等方面为教育工作者提供"全学习生态系统解决方案"	视 + AR	工具类型：App 工具简介： 是一款非常有趣的 AR 软件，网罗精彩 AR 游戏、超强 AR 浏览器，支持所有流行的视频格式，是包罗丰富 AR 内容的增强现实娱乐应用

排版助手	工具类型：App 工具简介： 是一款广受编辑追捧的智能排版整理文章的软件，适合新闻采集员、编辑、文摘网及有文章排版需求者	易企秀	工具类型：App 工具简介： 是一个提供免费 H5 微场景、海报、长图、表单、视频、互动游戏、建站、小程序八大制作工具的智能平台
潮汐	工具类型：App 工具简介： 是一款受欢迎的生活健康应用软件，专为工作、学习、减压、专注和冥想而设计	百度脑图	工具类型：App 工具简介： 是一款便捷的脑图编辑工具，用户发挥创意即可线上直接创建、保存并分享自己的思路
Mindline 思维导图	工具类型：App 工具简介： 是一个快速高效制作思维导图的工具，提供多款导图样式满足不同需求，还可以选择分支背景颜色和字体类别，让导图更丰富多彩	XMind	工具类型：App 工具简介： 是一款非常实用的商业思维导图软件，打造易用、高效的可视化思维导图，拥有丰富的样式和主题，致力于帮助用户提高生产率
MindMaster	工具类型：App 工具简介： 是一款专业思维导图软件，支持云同步跨平台、海量模板等功能，以结构化的方式呈现思维导图，提高归纳和记忆的效率，方便展示和讲解	笔杆	工具类型：App 工具简介： 是一个简单好用的写作平台，在线所提供的功能多且免费，支持各种不同的写作方式，还支持论文查重、离线记录等功能

国家中小学生智慧教育平台	工具类型：App 工具简介： 是一个由国家出品，为广大中小学师生和家长提供专业化、精品化、体系化资源的服务平台。教师可以通过查看党史学习、宪法法治、思政品德教育等资料为学生普及这些方面的知识	高效 ToDo	工具类型：App 工具简介： 是一款学习办公类软件，具有备忘、提醒、记事等功能，帮助用户合理安排日程，记录一天的待办事件，使其高效地完成工作
教评网	工具类型：网站 网址：http：//www. jiaoping. com/ 工具简介： 帮助学生、教师和家长挑选更具教学价值的学习类应用软件，拥有专业的教育应用软件数据库，收录覆盖不同学段的教育学习类应用软件，为学校提供进校应用软件白名单审核、管理等服务	Bing	工具类型：App 工具简介： 是一款纯净高效的搜索引擎软件，帮助用户检索更加合理的内容，提供优质精准的中英文搜索结果，还有全球信息搜索、领先的语音识别等功能
雨课堂	工具类型：网站 网址：https：//www. yuketang. cn/web 工具简介： 提供新型智慧教学解决方案，致力于快捷免费地为所有教学过程提供数据化、智能化的信息支持	菁优网	工具类型：网站 网址：http：//www. jyeoo. com/ 工具简介： 致力于塑造高质量的题库平台，是教师的备课优选神器，为教学设计添色，引领学生思考，为每一位奋斗在教学岗位上的教师，提供更多的教学之便

	工具类型：网站 网址：https：//www. ih5. cn/not-logged-in 工具简介： 允许在线编辑网页交互内容，支持各种移动端设备和主流浏览器，能设计制作出 PPT、应用原型、数字贺卡、相册、简历、邀请函、广告视频等多种类型的交互内容		工具类型：网站 网址：https：//www. listary. com/ 工具简介： 是一款实用的搜索工具，含有收藏文件夹、能够快速打开最近浏览的文件夹、快速显示/隐藏文件扩展名等实用功能，为用户日常收藏和整理文件提高效率
iH5 互动大师		Listary	

（十） 工具推荐

101 教育 PPT

（1）工具概述。

101 教育 PPT 是一款专业服务教师备授课的一体化教学软件，拥有 3D 教学模型、理化生实验实拍等海量独家资源，轻松打造智慧教室，实现课堂实时互动，更有丰富的名师微讲堂帮助教师提升信息化教学专业能力。目前，该软件可在电脑端、白板端、手机端及微信小程序端口使用。

（2）101 教育 PPT 的使用方法。

①打开手机应用市场，输入关键词"101 教育 PPT"，可免费下载这款应用软件。

②打开"101 教育 PPT"App，进入主页面，即可根据自己的需求选择教材，还有党员教育、思政教育和乐高教育板块，如图 12 - 1 所示。

③主页面分布有"101 资源库""备课台""课件定制""录制微课""传图识字""文件传输""直播日历"和"教育微博"板块，如图 12 - 2 所示。

图12-1　"101 教育 PPT"主页面

图 12-2　主页面板块

④点击"101 资源库",即可看到海量教案、学案、课件、微课等,如图 12-3 所示。

图 12-3　"101 资源库"板块

⑤点击"备课台"板块,平台提供专门的备课台供教师上传各种制作课件的资料、文件、图片、习题及花名册等,如图 12-4 所示。

图 12 - 4　"备课台"板块

⑥平台还专为教师提供"课件定制"板块，节省时间，提高效率，但需要付费使用，如图 12 - 5 所示。

图 12 - 5　"课件定制"板块

⑦点击"录制微课"板块，可以根据用户在"备课台"或者"101 资源库"中提供的现有的课件进行微课视频录制，为课堂增添更多的趣味，如图 12 - 6 所示。

⑧"传图识字"和"文件传输"板块有辅助课件教案的制作等功能，可一

键传输，省时省力。

⑨点击"直播日历"板块，平台为教师提供海量课件制作及教学实际应用技能等学习视频，有免费的，也有付费的，还可以预约直播，如图 12 - 7 所示。

图 12 - 6   "录制微课"板块   图 12 - 7   "直播日历"板块

⑩点击"教育微博"板块，该板块精选各种教学设计等技能课程，及时更新发布国家的教育热点信息及各种课件制作的优秀动态案例，更有话题区供用户交流和分享，如图 12 - 8 所示。

图 12 - 8   "教育微博"板块

一键接龙

（1）工具概述。

一键接龙完美解决群内团购、拼单、群报名等诸多问题，用户可创建并发送"接龙"给群友们，让群友一键完成群报名、群接龙任务；还可以轻松导出报名数据。

（2）一键接龙的使用方法。

①打开微信，拉出小程序搜索框，输入关键词"一键接龙"，即可找到该小程序，如图 12 – 9 所示。

②打开"一键接龙"应用程序，进入主页面，点击"新建"，即可发布想要接龙的任务；还可以看到用户之前发布/参与过的接龙，如图 12 – 10 所示。

③不仅有群接龙服务，还有用于公司企业等的团购清单，如图 12 – 11 所示。

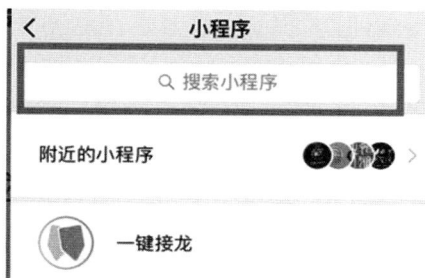

图 12 – 9　搜索"一键接龙"小程序

图 12 – 10　"一键接龙"主页面

图 12 – 11　团购清单

④发布任务，可以在"更多选项"里自主选择截止人数和截止时间以及报

名附加信息等服务，如图 12 – 12 所示。

　　⑤编辑信息完成，即可保存二维码或者将其直接发布到群里，如图 12 – 13 所示。

图 12 – 12　"更多选项"页面　　　　图 12 – 13　发布接龙

　　⑥该小程序还会贴心地在消息提醒中告诉用户所发布的接龙结果和进度，具有很高的方便度，如图 12 – 14 所示。

图 12 – 14　提醒接龙结果

三、 教学研究

技术与艺术，优生全面发展，后进生拔高的策略与方法[①]

教师在职业生涯中都是有当班主任的机会的，可能带的是一个普通班或者是一个实验班，不同的班级激励政策是不一样的。接下来，笔者简单分享一些亲测有用的班主任激励学生的实用方法。不管是尖子生还是后进生，都希望能够得到鼓励和被看到。鼓励的精髓是需要"人无我有，人有我优"，让学生产生优越感，便能起到正向作用。

对于尖子生，他们本身学习已经足够优秀，教师除了肯定学生的学习之外，还得在力所能及的情况下鼓励学生发展兴趣爱好，这对学生未来进入更好的学府深造有很大的帮助。随着"双减"政策的到来，素质兴趣的培养越来越重要，加上笔者本身对画画和创客教育有浓厚的兴趣，所以笔者在课余时间都会自己研究，在力所能及的情况下，一直鼓励并指导尖子生多参加科技类或者绘画类的比赛（教师可以在网上查到很多白名单比赛或者地方赛事），如省或市的青少年科技创新大赛、粤东青少年创客大赛、青少年儿童发明奖等。教师可以先到赛事官网或网络看一些获奖作品，因为现在网络视频学习资源已非常丰富（如"哔哩哔哩"上就有非常多的学习视频）。教师可储备一些图形化编程（如"Scratch"）、开源硬件（如"Arduino"）、3D建模软件（如"SketchuUp"）的基础知识，先和学生一起完成简单的创客作品，让学生体验动手创造的乐趣，然后慢慢升级，完成进阶的作品，教师可在学生课余时间进行辅导，如图12-15至图12-19所示。若学校有条件，可购买3D打印机，以方便学生学习。

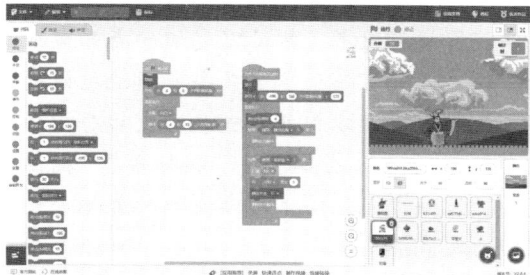

图12-15　"Scratch"图形化编程软件界面

图12-16　"Arduino"开源硬件板

[①] 本文为揭阳市揭东区第一实验中学黄金丰所作。

图 12－17　3D 软件"SketchUp"课堂演示案例

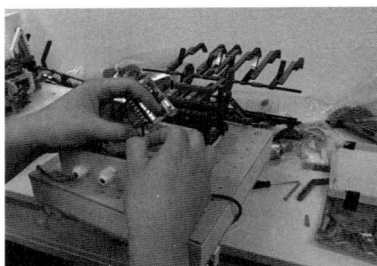

图 12－18　学生创客作品 1

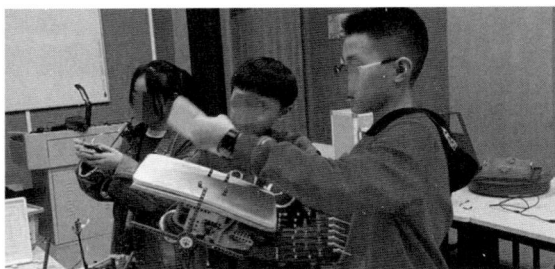

图 12－19　学生创客作品 2

尖子生知识迁移能力强，而创客教育是跨学科式的教育，很适合尖子生更进一步的发展。当然这个确实会花费教师一定的时间，但是看着学生一步一步慢慢变得更优秀，在比赛中获得好名次，获得巨大成长，而教师在这个过程中也学习积累了很多实用知识和经验，辛苦也值得。

后进生也需要鼓励，很多后进生小时候或多或少遭受过打击，所以想要他们成长起来，就需要给予他们比尖子生更多的鼓励，只要有一点小进步就要变着花样鼓励。教师发现他们的问题时先找到值得肯定的点，然后以委婉一点的方式提出问题，最后提供解决问题的方法和途径。比如有一个学生兴高采烈地把他的作品拿给你看，你先找出亮点鼓励一下，然后点出哪方面可以提升，最后告诉他作品如何修改或是去哪里找资料，甚至亲笔示范，总之必须得"接地气"，提出实实在在能实现的解决方法，这个是最关键的一步，让学生每次找你时都体会到教师是一个真正关心他成长并能解决问题的人。若想要有更好的效果，可以在他一有进步就给他送报喜单，给家长送喜讯，让学生有一种受宠若惊的感觉，而且对其他学生的示范作用也会很大，如图 12－20 所示。

每个班级难免有考试失利，或者在学校活动比赛中失利的情况。但教师可以尝试给学生一些小惊喜，比如拔河比赛输了，虽然没有获得学校的奖状，但教师可以设计属于自己班级的奖状，用图像软件贴图编辑后打印出来，颁发给参加拔河比赛的学生。教师可以发挥创意，加入一些比赛过程中的趣事，如图 12－21 所示。

进步报喜单

尊敬的家长：

您的孩子＿＿＿＿＿最近在校表现优秀，进步明显，具体表现是：＿＿＿＿＿＿＿＿＿＿

特向您报喜！

孩子取得的成绩离不开本人自己的努力，也离不开家长您的支持，请继续给予您的孩子爱的温暖和力量，让我们继续共同努力，取得更大的进步！

老师：＿＿＿＿＿

年　月　日

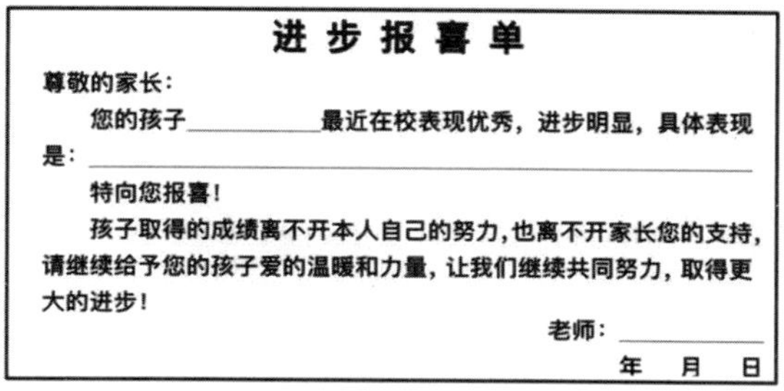

图 12－20　学生进步喜报单

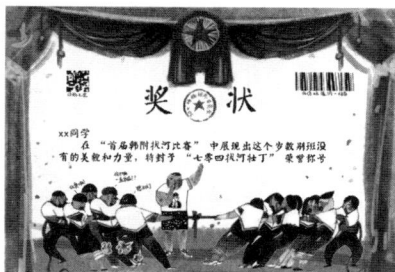

图 12－21　教师自制奖状

有时笔者会根据学生关心的事件或者学生的情绪画一些黑板报，然后借着主题班会拓展内容，如科比去世时，笔者画了科比主题黑板报，画出他从 8 号到 24 号的蜕变，并附上名言：“我不想成为乔丹第二，我只想成为科比布兰特。”不用画得很复杂，只要意思到位就可以，如图 12－22 所示。

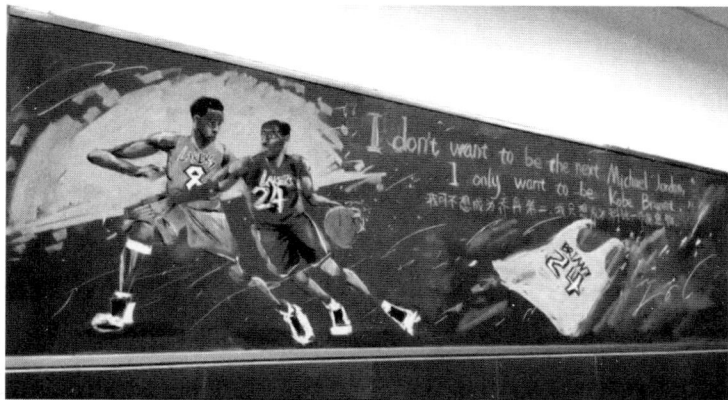

图 12－22　科比主体黑板报

当时刚好班里一部分学生成绩有所退步，笔者在安慰他们的同时，也给他们讲述科比努力奋斗的伟大职业生涯，鼓励他们永不气馁，也让不了解科比的学生认识这样一位伟大的球员，激发他们的斗志。又如，在接近中考的时候，恰逢国漫崛起，所以笔者画了“大圣归来”主题黑板报，教导主任帮忙配了首诗：“淬得三昧火，脱得凡人胎。立得凌云志，守得见云开。”鼓励学生们经历了三年的辛苦努力，终究会有大圣归来的霸气！如图 12－23 所示。

图 12 - 23　"大圣归来"主题黑板报

　　除了黑板报外，笔者还会做一些小礼物送给学生。潮汕习俗中认为红花仙草可辟邪秽，无论外出务工或者参加考试，长辈都会放一些红花仙草在孩子的包里或枕头下，寓意平安吉祥，一切顺利。所以笔者用画图软件设计了红花仙草的图样，并在网上定制了钥匙扣送给学生们，在最后一节物理课上给孩子们送上最真切的祝福和鼓励，如图 12 - 24 所示。

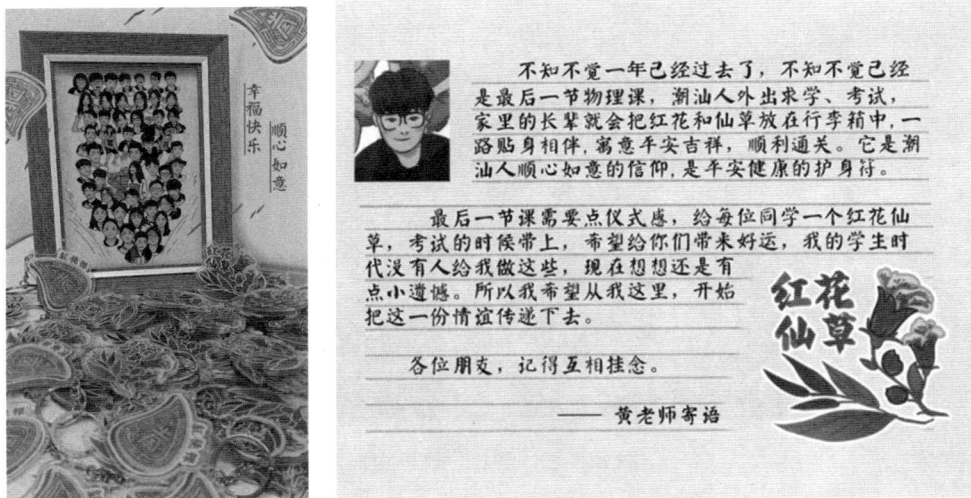

图 12 - 24　定制红花仙草和红桃粿钥匙扣及寄语卡片

　　如果你是一个爱给学生们记录学习生活的教师，那就把他们努力奋斗的样子拍摄下来，记录他们奋斗的样子，告诉他们这是最美的青春，这既是一种鼓励，更是一种温情，如图 12 -25 至图 12 -28 所示。

图 12 – 25　中考奋斗瞬间 1

图 12 – 26　中考奋斗瞬间 2

图 12 – 27　中考奋斗瞬间 3

图 12 – 28　中考奋斗瞬间 4

如果你恰好也是一名物理老师，那么你可以通过一些小实验来达到鼓励的效果。如在学生压力大的时候做空气炮游戏：把纸箱的一面挖空，然后在里面放入干冰或者烟饼，对面摆上一次性杯子堆成的杯塔。当学生对准杯塔挤压纸箱时，空气就被挤压出来推倒杯塔。通过游戏告诉他们：杯塔是你们现在面临的一个个烦恼，我们用空气炮把烦恼统统推掉。这既活跃了班里的气氛，又缓解了学生的焦虑情绪，如图 12 –29 所示。

图 12 - 29　空气炮小游戏

　　最后补充一点，任何奖励和鼓励都会产生边际效应，所以物质奖励一般不作为主要推崇奖励，但是可以作为短时间的"兴奋剂"，如上面提到的临近毕业，笔者奖励定制的钥匙扣。对于其他时候，笔者建议以精神奖励为主，如确切关注学生难处，学生主动帮忙时对学生表达感谢，这些都能够起到很大的激励作用。

　　以上一家之言，仅供教师们参考，欢迎交流。

参考文献

［1］王慧．基于网络学习空间的智慧教学设计与实践探索［J］．中国电化教育，2016（11）：87－93．

［2］李倩楠．基于网络学习空间的中学创客教学模式研究［D］．新乡：河南师范大学，2019．

［3］王竹立．新建构主义：网络时代的学习理论［J］．远程教育杂志，2011，29（2）：11－18．

［4］王竹立．新建构主义教学法初探［J］．现代教育技术，2014（5）：5－11．

［5］陈敏玉．巧用现代信息技术，助力初中地理教学：以希沃白板5为例［J］新校园，2023（12）：22－23．

［6］董梅．基于希沃白板5的高中地理教学设计与应用研究：以"水循环"为例［D］．银川：宁夏大学，2021．

［7］潘东川，何欣，孙少辉．高效工具［J］．星教师，2019（1）：1－152．